会社では教えてもらえない

仕事が速い人の手帳・メモのキホン

伊庭正康 Iba Masayasu

すばる舎

はじめに

ズバリ、言います。

手帳を毎年のように変えても、仕事は速くなりません。ましてや、何種類ものマーカーを使い分けたり、ポストイットを使ってみても、まず仕事は速くなりません。

理由は、簡単。

それらは、「装飾」に過ぎないからです。

自動車でたとえるなら、外装パーツを変えたところで、速くならないのと一緒。エンジンを変えないと速くはなりません。

仕事を速くするためには、「スケジューリング（予定の立て方）」をマスターしておく必要があるのです。言い換えると、「手帳の正しい使い方」です。

仕事が速い人の手帳を見ると、一目瞭然。彼らは、予定を「自らが埋めていくもの」と考えているので、来月、再来月のスペースにも予定が書き込まれており、先々までのやるべきことがクリアになっています。

しかし、私が見る限りでは、多くの人の手帳はそうはなっていません。次の週あたりまでは埋まっているけれど、その先は空白だらけ、ということも少なくないのです。やってくる業務を「速くこなすこと」こそが、仕事を速くする方法だと考えているので、直近の予定しか埋まっていないのです。やってくる業務をいくら速くこなしたところで、残業はなくなりませんし、ましてや生産性を上げることは無理です。


と、偉そうに言いましたが、白状します。

かつての私は、残業まみれの生活を送っていました。

もちろん、手帳術の本も買いました。

でも、仕事が速くなることはなく、どちらかと言うと最後まで職場に残る、そんな新人でした。

手帳に書き込む際のペンを、何種類かの色に分けて記入してみたこともありましたが、私の場合は手間が増えただけ。

まったく改善しないため先輩からは、「まだ新人なのに、そんなに仕事量はないだろう。今からそんなことでは先が思いやられるぞ」と注意をされたこともあるほどです。

私が変わったきっかけは、上司のひと言でした。

「スケジューリングの基本は逆算だ。考え方を変えないと、いくら工夫しても仕事は速くならないぞ」と。

そのときの私は、上司の言っている意図がよくわかりませんでした。

上司も、理解できていないことを察したのでしょう。こう続けたのです。

「もし、君が短時間で成果を上げる人になりたいなら、これから私の言うことのすべてに対してイエスと受け入れなさい」と。

なんて高圧的なんだ、とは思いましたが、藁にもすがる思いだったので、上司に従うことにしました。

すると、すぐに結果が出ました。いつも終電まで残業していた私が、19時には確実に帰れるようになったのです。

つまり、**仕事が速いか遅いかには能力は関係なく、スケジューリングのセオリーを知っているかどうかだけのこと**だったのです。

上司は、そのことを「すべてイエス」と約束させることで、短時間でスケジューリングの基本を覚えさせてくれたのでした。

それ以降、私は残業することがほとんどなくなりました。そして、よく見ると手帳にも変化がありました。

先々の予定が増えていたのです。つまり、先を見通せるようになっていたのです。

その効果は業績にもはっきりと反映されて、残業せずとも2年後には5倍の売り上げを上げていました。実際に、当時在籍していたリクルートでは、年間日本一にも幾度となくなりましたし、累計40回以上の表彰を受けるまでになりました。

だから、自信を持って言えます。

仕事を速くしたいのなら、マーカーの色を変えるなどの「装飾」は後。

まずは「スケジューリングの基本をマスターすること」が先。スケジューリングのセオリーをしっかり押さえておけば、必ず残業は改善されますし、有給休暇も取れるようになります。

今以上に成果を上げることができる、ということを伝えたいのです。もちろん、特別な能力は不要です。

さて、前置きはこのくらいにしておきましょう。

この本では、手帳を活用した「スケジューリング」のセオリーを余すところなく紹介しています。まずはひとつでもふたつでも、読み終えたときに、実践することを決めてみてください。

初めはそれでＯＫ。

でも、その一歩は大きく、あなたはきっとこれまでとは大きく違う世界を味わうことでしょう。

さあ、では行きましょう。いざ、残業のない世界へ。

はじめに……3

第1章 仕事に追われる毎日を手帳が変えてくれる！

1 残業しないで成果を出す人は「手帳」が違う……18
上手に仕切らなければベテランでもパンクする

2 手帳に書くと、忘れられる。だから目の前の仕事に集中できる……22
頭のなかが「あの件」「その件」でいっぱい…

3 仕事に追われるのは「余裕時間」が見えていないから……26
細かく予定を書き出すと、案外「スキマ」があるもの

4 デジタルの時代に「あえて紙」が圧倒的に有利……30
ラクに速く、感覚的に書ける

5 仕事が遅い人ほど「カレンダーで十分」と言う……34
ウィークリーの時間軸での管理が必須

第2章 まずおさえたい手帳のキホン

6 手帳のサイズは大きければ大きいほどいい……40
小さいと欄が狭くて書き込めない

7 1週間を俯瞰できる「バーチカル型」が鉄則……44
「今週はいっぱいだけど来週なら……」と見通しがきく

8 スケジュールで一番に決めるのは、退社時間……48
残業するのは、残業前提になっているから
デッドラインがあると勝手に集中できる

9
一つひとつの仕事に所要時間を割り振る……54
TODOリストだけではダメ？
目に見える形で時間を意識する重要性

10
アポイントもルートも「最短距離」で組む……60
非効率的な予定の入れ方をしていませんか？
「1回で2回分」を狙う

11
会議の予定を「会議」と書くだけでは甘い……66
「得たい成果」まで書いておく

12
ムリヤリにでも3週間先を埋める……70
先読み力を鍛えるために

13
納期までに3回「アラート」を設定する……74
1週間前と3日前にチェックポイントを作る

14
忘れそうな報告事。忘れると一気に信用を失う……78
一見予定ではないことこそ予定に入れる

第3章

手帳1冊でどんなにたくさんの仕事も余裕で回せる！

15 「締切から逆算」を徹底する……84
「とにかく頑張る」の積み立て式では達成できない

16 1週間は4日、1ヶ月は3週間で考える……88
前倒しの「自分締切」で余裕を作る
意外とできてしまう

17 今週の目標が達成できるかは、月曜の朝に決まってしまう……94
いつまでにどこまで仕上げるか見通しを立てる

18 同時進行を軽々こなすにも、手帳がキモ……98
マンスリーで全体を見て、ウィークリーでタスク管理

19 70点でも早く出す。できる人がみなしていること……102
仕事は相手ありき。すり合わせて細部をつめる

20 最大のタイムマネジメントは「やらないことを決める」こと……106
やみくもなテレアポをひとりやめた敏腕営業マン
ムダかわからないなら「一時停止」してみる
21 フリクションペンで「仮の予定」をどんどん入れる……112
自分のペースで仕事を先に進めるために
22 あらゆるタスクを30分単位で設定する……116
「時間」から「分」へ体感速度をシフトする

第4章 手帳を200%使いこなして、デキる人になる！

23 スキマ時間はあと3時間増やせる……122
手帳にはない待ち時間や移動時間が宝石

「することリスト」は必要ない

24
「他の人の動き」も手帳のすみに書いておく……128
休みや出張の予定、稟議の予定など
チームで進めるプロジェクトには「ガントチャート」

25
1日の生産性のカギは「朝7時」にある……134
起きてから出社前に〝何か〟をするだけでいい

26
忙しいときほど、リフレッシュタイムを強引にでも作る……138
働きづめでは集中力が落ちる

27
今日を「忙しい日」から「ワクワクする日」にタイトル変更……142
仕事帰りに楽しみがあると朝の気分が違う

28
プライベートの予定は最優先で入れる。そして絶対にずらさない……146
「仕事が落ち着いたら…」ではずっと何もできない

29
その残業、その飲み会は「消費」か「投資」か？……150
「未来につながるか」を判断基準に

第5章
手帳をメモ用ノートとしても使い倒す

30 1週間に数時間は「自己投資」にあてる……154
―追われる日々を変えた、英会話スクール
―思い立ったら即手帳に書き出す。そして即行動

31 手帳に挟んでおくべき必須のツール……162
―TODOリストや打ち合わせ資料の他に切手

32 あらゆるメモは手帳1冊に集約する……166
―自分の記憶力をあてにしない

33 何気ないひと言をメモして「よく覚えているね」を狙う……170
―お客様の子の誕生日を書きとめる

34 打ち合わせのメモは写メで送ってデジタル管理が便利……174
件名を工夫して検索しやすくする

35 移動中は考えを書き出して、整理するのに最高の時間……178
スマホの代わりにペンを動かしてじっくりと

36 フリースペースをひとりブレストに使う……182
浮かんだアイデアを掛け合わせてみる

37 企画書はいきなり書かない。まずはメモでまとめる……186
スキマ時間を使って下書きしておく

38 悩みや愚痴も何でも吐き出す。1年後には笑い話に……190
実際に書いてみると、驚くほどスッキリする

39 「夢は手帳に書くと叶う」は本当だった！……194
何度も眺めることでイメージが鮮明に

カバーデザイン　小口翔平＋岩永香穂（tobufune）
本文デザイン・図版　松好那名（matt's work）

第1章

仕事に
追われる毎日を
手帳が変えてくれる!

Basic works of scheduling

Basic works of scheduling

1

残業しないで成果を出す人は「手帳」が違う

!

時間管理は一流に
なるための必修科目

上手に仕切らなければベテランでもパンクする

先日、私の20代の知り合いが、メンタル疾患を発症し、退職を余儀なくされました。本人によると、「残業による過労」がきっかけだと言います。でも、好んで残業をしていたはずはなく、そこにはプレッシャーもあったはずです。ましてや、若手の彼には、自分で時間をコントロールできない業務が多かったことも災いしたのでしょう。

それでも、彼は期待に応えようと頑張りました。

しかし、「やってもやっても仕事が終わらない」日々が続きます。会社は残業削減の方針。短時間で成果を出すことを厳しく求められていました。

いよいよ、疲れ果てたなかで、彼はこんなことを思い始めます。

「自分には能力がないのでは……」と。

その3ヶ月後のことでした。メンタル疾患にかかり、会社を去ったのです。

私はそれが残念でなりません。たとえ若手であろうと、ちょっとしたことで、時間なんて簡単にコントロールできるからです。

特別な能力やスキルは不要。「正しい予定の立て方」を知っているかどうかだけのことなのです。

たとえば、短時間で成果を出している人は手帳を見ると面白いことがわかります。この本の「はじめに」でも書きましたが、見るべきは、1ヶ月後の部分。そこには、すでにいくつもの予定が書かれているはずです。彼らは「予定は自らが作るもの」と考えているので、先々の予定までどんどん埋めているのです。

一方で、いつも遅くまで仕事をしている人の手帳を見てください。

見るのは、同じく1ヶ月後。そこには、ポツン、ポツン、といくつかの予定が書かれているだけでしょう。彼らは「予定は入ってくるもの」だと考えているので、忙しいといっても、実は目の前の仕事に追われているだけなのです。

メンタル疾患で退職を余儀なくされた彼は、残念ながら後者でした。でも、同じような人は少なくありません。仕事を速くするというのは、目の前の業務をやみくもにこなすことではないのです。

この本では、仕事が速くなる予定の組み方の具体的な方法を紹介していきます。

同じ仕事を抱えていてもこの差…

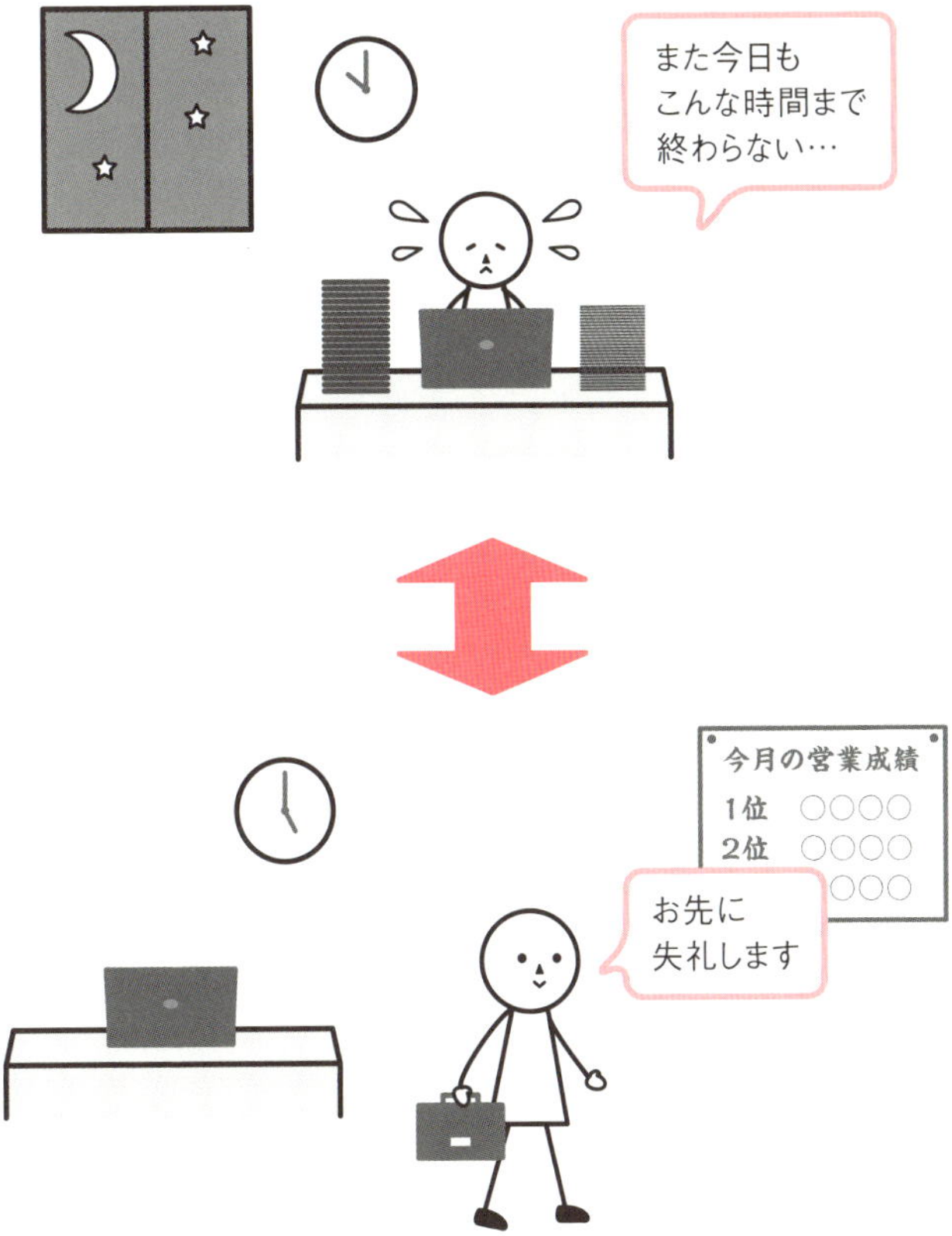
また今日も
こんな時間まで
終わらない…
今月の営業成績
1位 ○○○○
2位 ○○○○
○○○
お先に
失礼します

それは能力の差ではなく、
「予定の立て方」の違いだった!

Basic works of scheduling

2

手帳に書くと、忘れられる。だから目の前の仕事に集中できる

!

何をいつまでにすべきか
わかっていないから焦ってバタバタする

頭のなかが「あの件」「その件」でいっぱい…

もし、休日も仕事のことで頭がスッキリしないことがあるなら、「手帳」をうまく使えば解消できるかもしれません。あるシーンで説明しましょう。

打ち合わせを終えるときのことです。

「また、来月に入ったあたりに連絡します」と社交辞令のような言葉で、締めくくることが多いものです。実はこの瞬間が重要。あなたの選択肢はふたつ。

さて、あなたはどちらですか？

・この瞬間に手帳（翌月の1日の箇所）に、その旨を記載する
・それとも、これくらいのことは忘れないと思い、記憶に頼る

正解は手帳に記載することです。ちょっとしたことですが、実はここで記憶に頼るから、休日も頭から仕事のことが離れなくなるのです。

ドイツの心理学者のエビングハウス博士は、こう提唱します。

1日たてば4分の1のことしか覚えていない、と。

さらに博士は忘れずに記憶にとどめておく方法があると言います。それは何度も「反復」することだ、と。

つまり、記憶に頼るということは、脳のなかで何度も「繰り返し思い出す」作業をせざるを得ないわけです。こうなると、休日も頭がスッキリしないのは当然です。

だから、常に頭をスッキリさせたいなら、ちょっとした予定であっても、「記憶」に頼るのではなく、「記録」に頼るべきなのです。

まず、**どんなことでも手帳に書くこと。そうすることで、脳は身軽になり、目の前のことに集中できる**ようになります

以前、「記録」することの驚くべき効果を実感することがありました。ある老舗のバーでの出来事です。

その店を訪れたのは2回目。常連ではなく、半年前に一度行っただけでした。

すると、BGMが変わったことに気づきます。私が好きなミュージシャンの曲でした。

「私、この曲好きなんですよね」とマスターに呟いたところ、こう返ってきたのです。

「この前いらっしゃったとき、たしかこのミュージシャンがお好きだとおっしゃっていたので……」

私の記憶にはまったく残っていないのですが、マスターは覚えてくれていたのです。

私は驚いてマスターに聞きました。「どうやって覚えているんですか」と。その答えはシンプルでした。

「手帳にメモしているだけなんです」と。その秘伝の手帳には、私の顔写真入りの名刺と、そのときの会話、何を飲んだのかが記載されていました。

まとめましょう。**「記憶力」を鍛えるのは限界がありますが、「記録力」はすぐに高めることができます。面倒くさがらず、「これくらいは大丈夫」と思われるようなささいなことこそ、手帳に書く。**これだけで頭がスッキリしますよ。

Basic works of scheduling

3

仕事に追われるのは「余裕時間」が見えていないから

!

「予定に縛られたくない」
という人ほど手帳を使えば自由が増える

細かく予定を書き出すと、案外「スキマ」があるもの

「出口のない迷路を、ひたすら走っている……」

上空から見ると、時間に追われている人は、このように見えるのかもしれません。

たしかに、分刻みのスケジュールに追われつつも、自分のやりたいこともできず、ひたすらにタスクをこなしているだけ。いつになったら、「余裕の時間」を持てるのかと思いながらも、その気配すら感じない……。

こうならないよう、手を打っておきたいところです。

でも、先に答えを言うと、**すでにあなたは「余裕時間」を手にしています。**目の前に「余裕時間」は十分過ぎるほどにあるかもしれません。ただ、それに気づかずに出口をスルーしていることが考えられます。

実例を紹介しましょう。私もみなさん同様に忙しい日々を過ごしています。だからといって、ひたすら疾走するだけでは、霧のなかをアクセル全開でぶっ飛ばしている自動車と一緒で、常に危険と不安を抱えながら過ごすことになります。

そこで、やることはふたつ。

① 手帳に先々までのスケジュールを細かく記入する
② そのスケジュールを見ながら、どこに「スキマ時間」があるかを確認し、大事な予定をロックしておく

さて、この2ステップをやってみると、すぐに気づくことがあります。

たしかに、この2、3日の範囲だけで見ると余裕はないものの、その次の週以降は、意外と時間が空いていることに気づきます。ましてや、1ヶ月先となると、数日は空いていることが少なくありません。これが、まさに余裕時間。

「この日は余裕があるぞ。だとしたら、ここで歯医者に行くか」とあらかじめ、予定をロックしておけば、「忙しくて、歯医者に行けない」なんてことは、まずなくなります。少し調整すれば、海外旅行も行けちゃいます。

今までは、その余裕時間に気づかずに、次から次にやってくる「作業の処理」というピースで、テトリスのように自分の予定を埋めてしまっていたので、できなかっただけのこと。あらかじめ「大切な用事」というピースで、そのスキマをロックしてみてください。それだけで、「忙しくてできない」はなくなります。

先々の予定も細かく書き出す

早く報告書を
仕上げないと
あと企画書も
残っていたな…
先月のレポートも
まだだ…

手帳を使いこなせば…

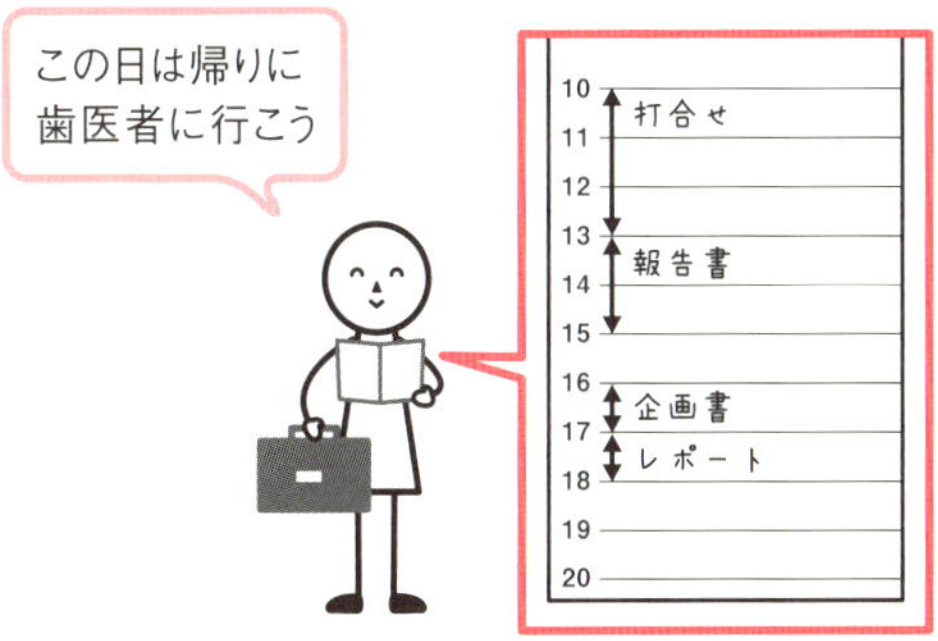
この日は帰りに
歯医者に行こう
10
打合せ
11
12
13
報告書
14
15
16
企画書
17
レポート
18
19
20

手帳を使えば、案外余裕があることに気づく!

Basic works of scheduling

4

デジタルの時代に「あえて紙」が圧倒的に有利

!

スケジュールの共有が必要ならデジタル。
それ以外なら紙がベスト

ラクに速く、感覚的に書ける

手帳の話題になると必ず出るのが、これ。デジタル派か、それともアナログ派か。しかし、この議論にはすでに答えが出ています。

共有する必要がないならアナログを、共有する必要があるならデジタルが正解だと。

ここで言いたいのは、共有する必要がないなら、ムリにデジタルにしなくてもいいということ。一見すると時代遅れのように感じますが、スケジュール管理だけを考えた場合には、アナログの方が便利だという声が圧倒的に多いのです。

なかには、アナログをメインの手帳として使い、スケジュールを他の人と共有する必要があるために、デジタルには〝必要最小限の文字〟で転記するという二刀流も増えているくらいです。

これは、両方を使ってみると分かるのですが、「書く点」においては、圧倒的にアナログの方が〝ラク〟だし〝速い〟。しかも、欄外に書けるといった利点も見逃せません。具体的なシーンで考えてみるとわかりやすくなります。

お客様との商談のシーンで考えてみましょう。

お客様「まだ、確実ではないけど、ひょっとしたら23日の13時か、24日の15時なら時間がとれるかもしれないかな……」
営業「では、仮押さえしておきましょうか。いつまでに分かりますか？」
お客様「明日の朝には分かるので連絡しますね」
営業「かしこまりました！」

営業マンの手帳には、「かしこまりました」と言うと同時に、(仮)とつけ加えた予定が書き添えられます。

デジタルでは、会話をしながらここまで感覚的に、かつ迅速には書けないものです。

このように、紙の手帳は曖昧な処理が得意です。

とはいえ、グーグルカレンダー等のデジタル手帳を使わざるを得ない方もいるでしょう。

デジタルのスケジュールで仮の予定を入れる場合は、「色で管理」するのがオススメです。

たとえばグーグルカレンダーでしたら、仮の予定を記入する際は、ちょっと薄い「ラベンダー色」といったようにしておくと、「仮の予定」であることは確認しやすくなります（「仮」と書かなくても分かる）。

また、ちょっとしたコメントは「メモを追加」という箇所がありますので、そちらに書いておくといいでしょう（ちょっと面倒ですけどね）。

もはや、「デジタル」か「アナログか」ではなく、目的によってデジタルとアナログを使い分けるのが賢い選択。この〝いいとこどり〟が今流。

ゆえに共有の必要がなければ、アナログの手帳がオススメです。

Basic works of scheduling

5

仕事が遅い人ほど「カレンダーで十分」と言う

!

マンスリーでは「1日をどう使うか」までは見えてこない

ウィークリーの時間軸での管理が必須

先日、私の息子（大学生）が、相談に来ました。

「予定が増えたため、手帳がグチャグチャになってきた……。大人はどうしているのか?」と。

彼の手帳を見ると、マンスリーページで管理していたのです。

グチャグチャになってきたとはいえ、彼の1日の予定は4～5件程度。ウィークリーページに書き換えると、まだまだ余裕のある状態なのですが、彼の手帳はキチキチで、余裕なんてどこにもない状態になっていたのです。

こうならないためにも、1日の予定が3件以上あるなら、毎週の予定を俯瞰できるウィークリータイプの手帳を使ってほしいのです。

ウィークリーページで確認をすると、キチキチだと思っていたスケジュールであっても、まだ余裕があることがわかります。

私はキチキチの手帳を使っていると、せっかくのチャンスを逃すことになる、と考えます。

「もうこれ以上はムリ」と無意識に思い込んでしまうため、新しいことに挑戦しようと思わなくなるからです。1日数件の予定が入っても、まだまだたくさんの余裕が見える手帳を選ぶことがベストなのです。

結論です。

1日に3件以上の予定を書き込む人は、マンスリータイプを捨て、ウィークリータイプを使いましょう。

手帳のキャパシティが増えれば、あなた自身のキャパシティも増やせます。

マンスリー型とウィークリー型では…

■マンスリーページ

10月
月 火 水 木 金 土 日
1 2 3 4 5 6 7
8 9
10 9-12 会議 13-15 打合せ 16-17 プレゼン準備
11 10-13 訪問 14-16 打合せ 17-19 会議 20- 接待
12 10-12 会議 12-16 プレゼン 17-18 打合せ
13 14
15 16 17 18 19 20 21
22/29 23/30 24/31 25 26 27 28
予定で
キツキツに見える…

■ウィークリーページ

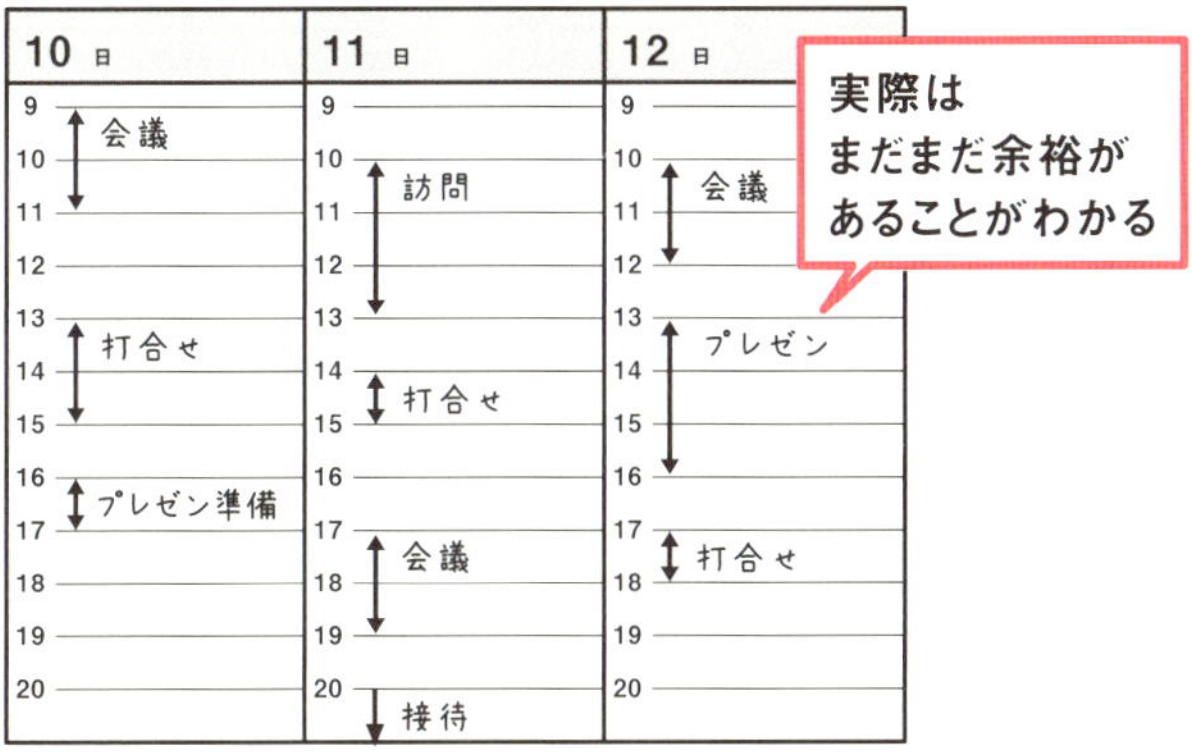
10日 9 会議 10 11 12 13 打合せ 14 15 16 プレゼン準備 17 18 19 20
11日 9 10 訪問 11 12 13 14 打合せ 15 16 17 会議 18 19 20 接待
12日 9 10 会議 11 12 13 プレゼン 14 15 16 17 打合せ 18 19 20
実際は
まだまだ余裕が
あることがわかる

同じ予定が入っていても、これほど見え方が違う!

第 2 章

まずおさえたい
手帳のキホン

Basic works of scheduling

Basic works of scheduling

6

手帳のサイズは大きければ大きいほどいい

!

余白にメモを書けるので、他にノートなしで
「ワンストップ管理」ができる

小さいと欄が狭くて書き込めない

こんな質問を受けることがあります。

「手帳は大きいほうがいいのか？ それとも小さいほうがいいのか？」

答えはシンプルです。何事も大は小を兼ねると言われるように、時間の達人を目指すのなら、大きな手帳が正解です。

もちろん、多少ではありますが、カバンは重くなりますし、スペースもとることでしょう。

でも、「ワンストップ」で管理できることは何よりのメリットです。

「あの件、どこに書いたっけ？」と探すことがなくなるのは、捨てがたい大きなメリットです。

たとえば、会議の予定を書き込むとしましょう。会議室の場所、参加人数、会議の際に確認をしておきたいことがあるなら、忘れないよう「＊＊の質問」と、手帳に記した予定の箇所にコメントを添えておきます。

手帳のサイズはＡ５（14・８センチ×21センチ）程度の大きさがベスト。ストレスなくコメントを書き加えることができます。これより小さいサイズの手帳だと、コメントを書くスペースが狭く、ストレスになります。

また、こんな質問も受けます。

「ビジネス手帳を１年ごとに買い替えたとき、電話帳はどうするの？」と。

この質問の背景には、せっかく書いた電話帳のデータを新しい手帳に移せない、といったことがあります。これも答えはシンプル。「脱着できる」ものを選べばいいのです。そうすれば、新しい手帳に移管できます。

でも、さらにアドバイスをするなら、電話番号はセキュリティの観点からもスマホに登録しておいた方が安全です。もし、手帳を落としたら個人情報の流出になってしまいます。

記憶ではなく記録に頼るためには、どんなささいなことでもメモするスペースのある、大きな手帳を選ぶのが絶対に正解です。

手帳は大きいものが絶対オススメ!

■ 手帳判

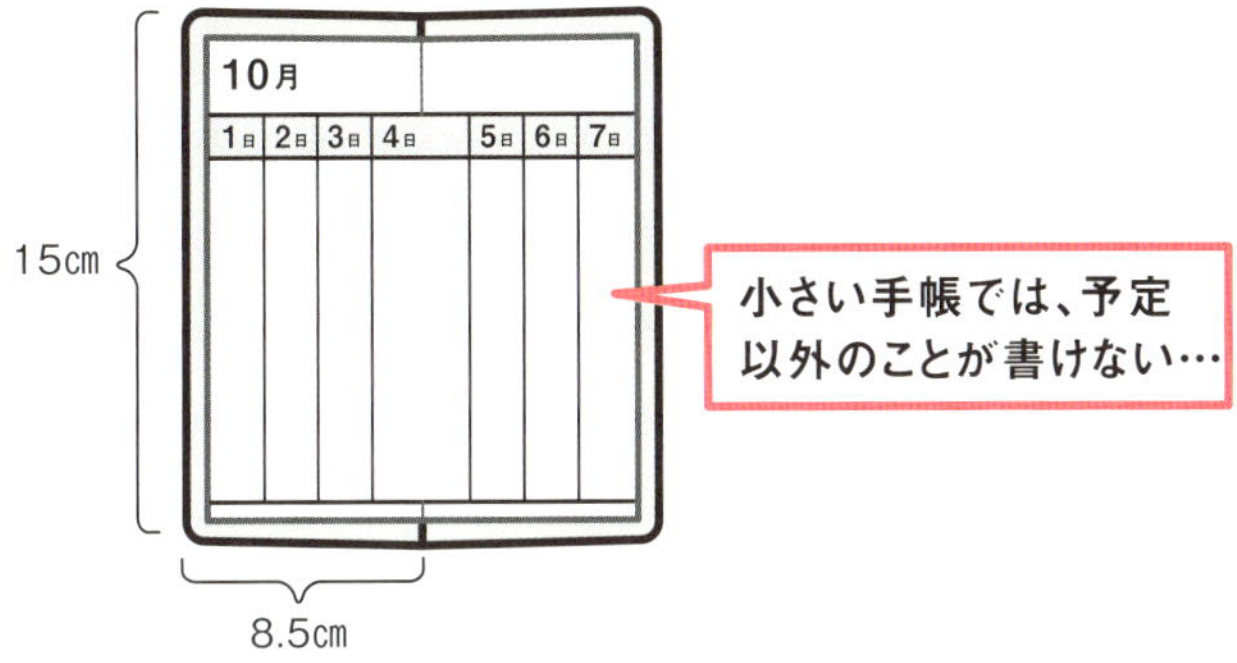

15cm
8.5cm
10月
1日 2日 3日 4日 5日 6日 7日
小さい手帳では、予定以外のことが書けない…

■ A5判

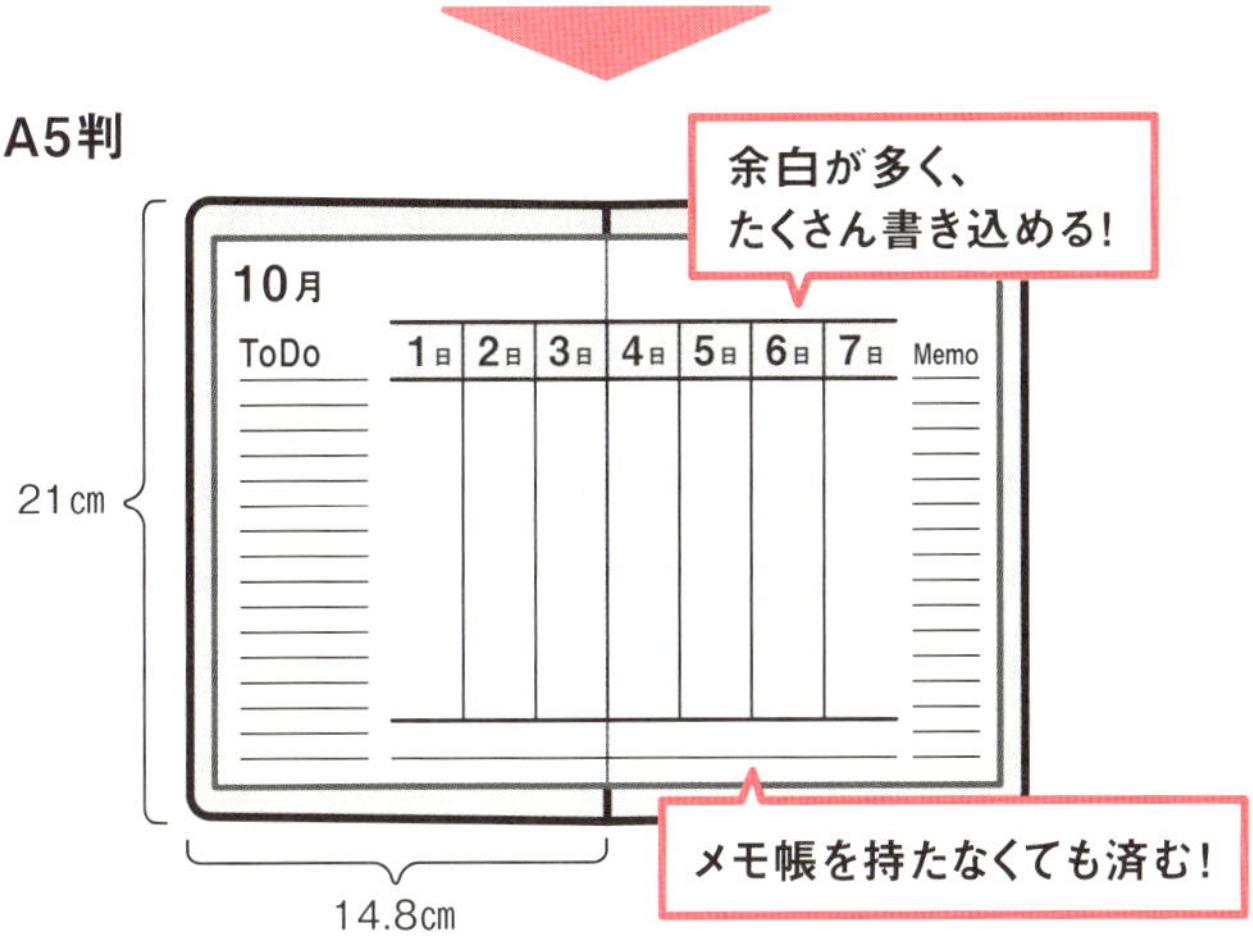

余白が多く、たくさん書き込める!
21cm
14.8cm
10月
ToDo
1日 2日 3日 4日 5日 6日 7日
Memo
メモ帳を持たなくても済む!

余白にメモを書き込めば「どこに書いたっけ?」がなくなる!

Basic works of scheduling

7

1週間を俯瞰できる「バーチカル型」が鉄則

!

時間の流れをビジュアルで見る
効果は思った以上に大きい

「今週はいっぱいだけど来週なら…」と見通しがきく

手帳を選ぶ際には、基本的には、使いやすいものを選ぶわけですが、時間の達人を目指すなら、曜日ごとの予定を時間ごとに記入できる「1週間タイプのバーチカル型」がオススメです。

「バーチカル」とは「垂直」という意味です。縦方向に1日の時間、横に曜日が並んでいます。

これをオススメする理由は次のふたつ。

① 俯瞰できるので、どこが埋まっていて、どこに余裕があるのかが、一瞬で地図のように分かる

② 余白や、予定の箇所にメモを自由に書ける

具体的には、47ページのようになります。

実は、今週、来週、再来週の「余裕」を一瞬で把握することができるメリットは、

極めて大きいのです。

たとえば「来週の水曜と木曜に合計5時間の余裕がある。この間に企画書を5本作成してしまおう」といったように、時間単位で先の見通しを立てられるようになるわけです。

もちろん、マンスリータイプや1日タイプといった手帳もあり、そちらのほうが使いやすいと言うこともあるでしょう。でも、俯瞰できないので「余裕」を一瞬で把握できません。

社会人として時間の達人を目指すなら、**現在と未来を時間単位で俯瞰できる1週間バーチカル型**に軍配が上がります。

まず最初は、「1週間タイプのバーチカル型」からスタートするのが間違いのない選択です。

時間の達人を目指すならバーチカル型を選ぶ

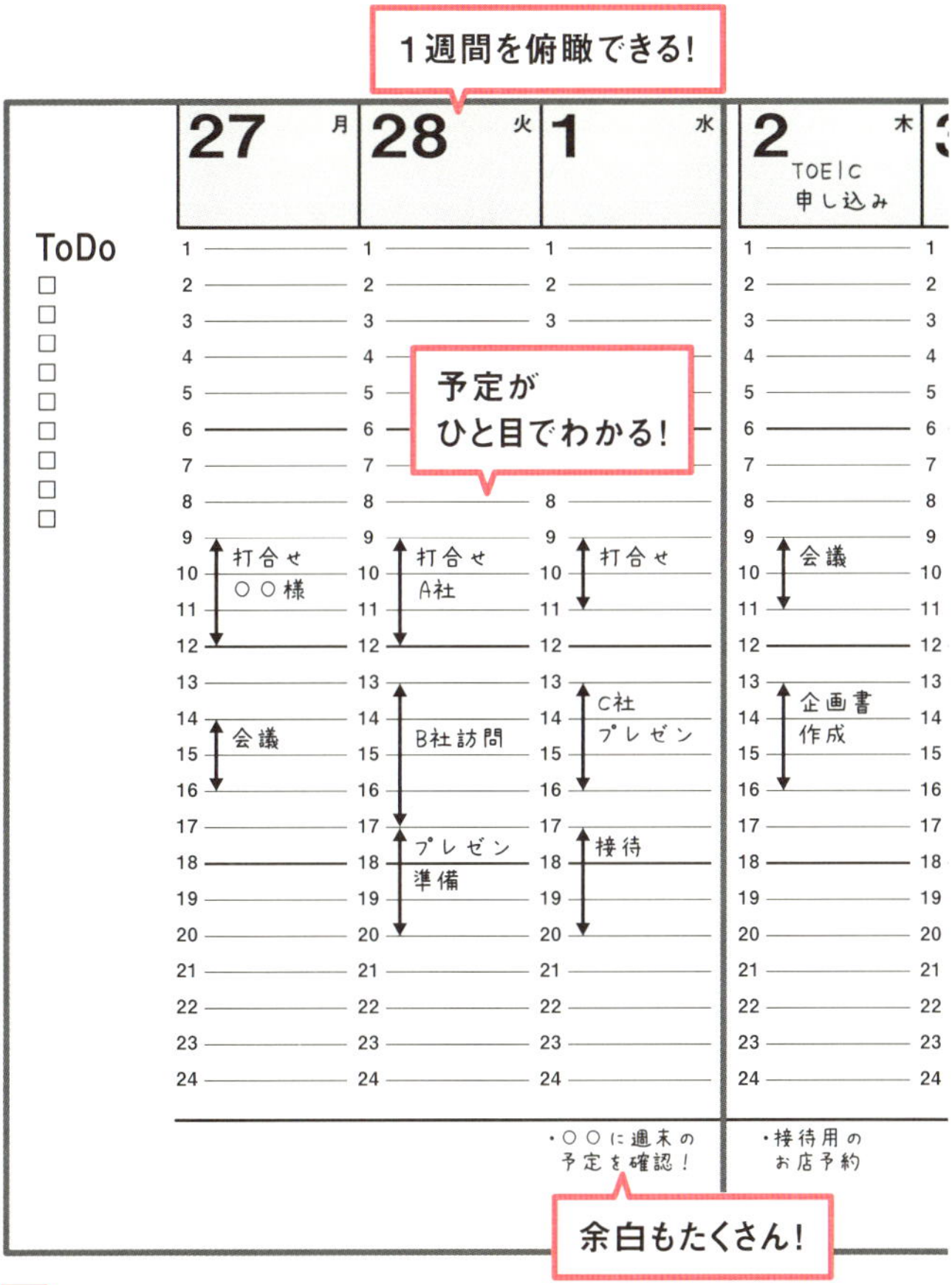

一瞬で余裕時間が見える!

Basic works of scheduling

8

スケジュールで一番に決めるのは、退社時間

!

残業せずに営業成績で全国1位を
4回取った最大の秘訣

残業するのは、残業前提になっているから

では、いよいよ予定の立て方です。

もし、あなたがズルズルと仕事をしてしまうタイプなら、あえて申します。何をやるかを考える前に、何よりも「退社時間」を先に決めてみてください。

短時間で成果を出す人は、常に「終わり」から逆算しています。

ぜひ、あなたにもそうしてほしいのです。そのほうが、確実に成果を出せるからです。

「帰る時間を先に決めてしまうなんて……」とちょっと不安に思うかもしれませんが、安心してください。

具体的に最初にすべきは、「退社する」と決めた時間にズバッと線を引くことです。18時に仕事を終えると決めたなら、18時に線を引き、「退社」と記します。そして、そこに収まるよう、予定を組んでいきます。

すると、当然ですが、今まで通りのやり方では収まりません。そこで、**「やらなく**

ていい仕事はないか」「もっと早く仕上げる方法はないか」と、今までスルーしていた一つひとつの作業時間に対する見極めを行うわけです。

それでも、こんな疑問が出てくるかもしれません。

「退社時間を決めても終わらなかったら?」と。

答えは簡単。翌日の早朝に回すことにして、潔く切り上げます。朝のほうが生産性が高く、短時間で仕事を終えることができます。

多忙を極めるビジネスパーソンが早朝を活用するのは、もはや常識です。たとえば、アップル社のCEOティム・クックの起床時間はなんと3時45分。SNSやメール等の邪魔が入らない時間が、最高に生産性を高めると言います。

先ほども書きましたが、私も新人のころは、毎日終電で帰る残業三昧の生活でした。でも、帰宅時間を先に決めることで、残業をやめることができました。

アスリートは、万全の状態で試合に臨むと言います。私はアスリートではないですが、プロとしてそうありたいと思いました。

私がまずやったことは、退社時間を18時半に設定し、それ以降は予定を入れない、

一日のスケジュールを決めるときは…

1日
9
10
11
12
13
14
15
16
17
18
退社
19
20
今日は絶対に
18時に帰ろう

初めにデッドラインを決めると…

15時までにこの仕事
を終わらせないと!
少しでも早く会社
に戻らないと

まずは退社時間を決めて、
集中力アップ!　ムダをカット!

ただこれだけのことでした。

私もセオリーに従い、残してしまった残務は翌朝の早朝に出社をして片づけることで、乗り切るようにしました。でもそれも最初のうちだけ。しだいに時間内で処理できるようになりました。

デッドラインがあると勝手に集中できる

やってみてわかったことがあります。**一度退社時間を決めると、思った以上にその時間内に終えられる、**ということです。

1分たりともムダにはしなくなりました。電車の移動時間、エレベーターの待ち時間、そのスキマ時間でもひとつの用事を済ませるようになりました。昼食も半分の時間にして、あとの半分は移動時間や用事を済ませる時間にあてるようにしました。

それまでの私にはあり得ないことでした。

でも、やってみて良かったと思います。成果は落ちるどころか、むしろ集中力が増し、結果を出せたからです。

私に特別な能力があるわけではないのですが、前職のリクルートで年間全国1位を

4回、延べ40回以上の社内表彰を受けたことが、私の時間術の確信になっています。

それでも、その時間には帰りにくい、ということがあるかもしれません。

あえてこう考えてみてはいかがでしょう。

「帰りにくいから残るというのは、プロの発想ではない」と。

もし、それでも帰る勇気が持てないなら、19時にプライベートの約束やちょっとした用事を入れる等、**強制力を作ってしまうのもコツ**です。

1日の退社時間をデッドラインとして決め、逆算で予定を組むようになれば、思った以上に仕事の成果はラクに出せることに気づけるはずです。

Basic works of scheduling

9

一つひとつの仕事に所要時間を割り振る

!

先にかける時間を決めると、
時間オーバーはなくなる

TODOリストだけではダメ?

「今日すること」をTODOリストに書き出している。そうすれば、わざわざ手帳に「いつ、何をする」と書き込まなくてもいいんじゃないか。そういう意見もあるようです。

TODOリストを作ること自体は、タスクを整理する上で必要です。ただ、それだけで終わりにしてしまうと、全体の仕事量をつかめないので、結局は時間オーバーしてしまい片づかない、ということになります。

「今日こそは、早く帰ろうと思ったのに……」と思いながらも、つい残業をしてしまうことがあるなら、それは、一つひとつのタスクにかける所要時間を決めていなかったことも、一因かもしれません。

忘れないようにタスクを書き出す人は多いですが、それだけでは不十分です。**タスク管理の本質は、「所要時間」をコントロールすることにある**からです。

今、抱えているタスクはいったい何時間必要としているのか？　そもそも、ムリな設定になっていないか？　だとするなら、一つひとつのタスクにかける所要時間を短縮できないか？　などと検証してほしいのです。

そのためにもタスクを書き出すだけではなく、一つひとつのタスクに所要時間を書き出しましょう。

タスク管理の書き方に特にルールはありません。極端なことを言えば、紙に殴り書きでもいいのです。アプリで所要時間を書けるものがあれば、それでもOKです。私は、所要時間の足し算が面倒なのでエクセルでタスク表を作り、管理をしています。

そうすることで、時間切れで片づかないと言った事態は予防できるようになります。

目に見える形で時間を意識する重要性

しかし、タスクごとに所要時間を決めても、初めはなかなかうまくいかないかもしれません。ですが、最初のうちは気にしないことです。

ただし、**その時間内に終えるように意識だけはしてみてください。その繰り返しのなかで、自分なりのタスクにかける時間の相場感ができてきます。**

1日のタスクが決まったら…

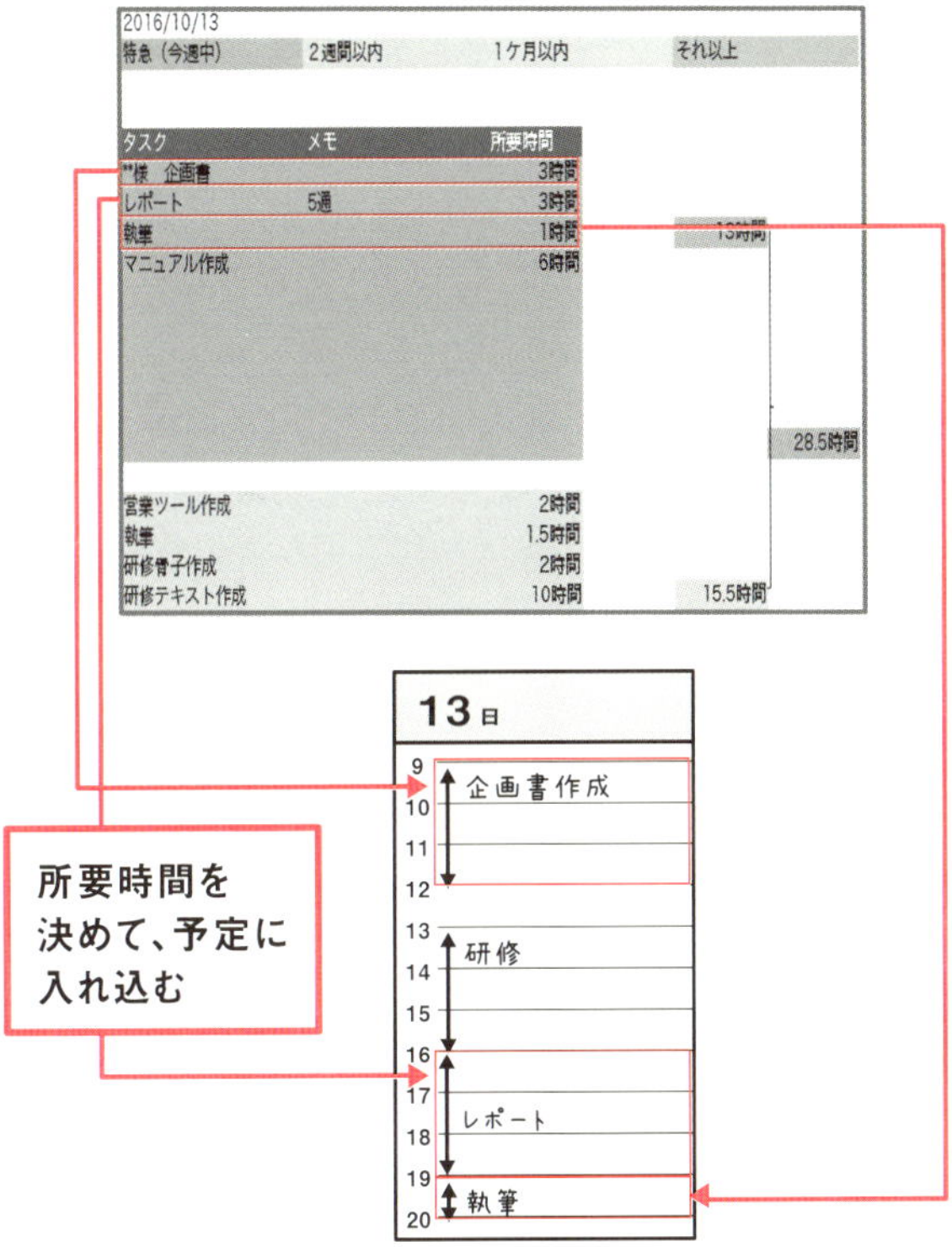
2016/10/13
特急（今週中）
2週間以内
1ケ月以内
それ以上
タスク
メモ
所要時間
**様　企画書
3時間
レポート
5通
3時間
執筆
1時間
マニュアル作成
6時間
28.5時間
営業ツール作成
2時間
執筆
1.5時間
研修冊子作成
2時間
研修テキスト作成
10時間
15.5時間
13日
9
10
11
12
13
14
15
16
17
18
19
20
企画書作成
研修
レポート
執筆
所要時間を
決めて、予定に
入れ込む

予定の時間内に終えられるように意識する

・企画書作成なら30分
・レポート作成は60分

こんな感じで自分のペースがつかめるようになります。そして、慣れてきたら、徐々に速くする方法も考えてみてください。

たとえば、企画書。レイアウトや文書の雛形を作っておけば、文字の一部を差し替えるだけでも十分に対応でき、企画書作成の時間は10分程度に短縮できることもわかってくるでしょう。

メールもそうです。単語登録や定型文を用意しておくことで、ていねいなメールの返信であっても1分程度でできることもわかります。

まとめましょう。

まずタスクごとの所要時間を決めましょう。最初のうちは、うまく行かなくてもOK。まずは、自分なりの相場感を持つための時間です。相場感ができたら、それに甘んじることなくさらに時間を短縮する工夫をします。

そのサイクルのなかで、生産性は飛躍的に向上します。

こうした工夫を毎日の仕事のなかで繰り返すことで、時間オーバーでタイムアウトという事態はなくなります。

Basic works of scheduling

10

アポイントもルートも「最短距離」で組む

!

1本の電話、1歩の移動の
効率化が生産性を高める

非効率的な予定の入れ方をしていませんか？

私の失敗談を紹介しましょう。

20代のころは求人広告の営業職をしていました。

やっていたのは、電話をかけてアポイントをいただいて訪問する新規開拓。しだいにアポイントが増え始め、忙しくなることに妙な充実感を覚え始めたころ、ふと思いました。なぜだろう……、まったく結果が出ないぞ……、と。

そのころの私は、手当たりしだいにアポイントをとっていました。そのときも上司から、こんな注意を受けました。

「アポイントは固めなさい。行動動線を短くするのも時間管理の鉄則だ」と。

たしかに私の手帳を見ると、朝と昼、夕方に行く地域がまったく違う場所だったのです。行動効率を後回しにした結果でした。

すぐにアポイントを地域で固めてとるやり方に変更。それまでは、1日のアポイント数は2～3件が限界かな、と考えていたのですが、4～6件はとれるようになりました。3ヶ月後には新人にもかかわらず、事業部のなかの新規開拓においてトップになっていました。

このとき思いました。忙しさの高揚感にダマされてはいけないと。

また、アポイント同様に、**オフィス内であっても移動距離を短くすることにこだわってみてください。たかだか数メートルのことだから、とは思わないことです。小さな積み重ねで、まだまだ1日にできることを増やせます。**

その際のコツは、ふたつ。

ひとつ目のコツは時間を約束するときは、「先に自分の希望を示す」こと。

具体的には「すぐに行きます」とは言わないこと。ちょっとしたことですが、これを続けていると必ず計画はガタガタと崩れます。

もちろん、上司からの打診や緊急対応であれば、すぐに対応すべきですが、少し後

約束を入れるときや移動するとき…

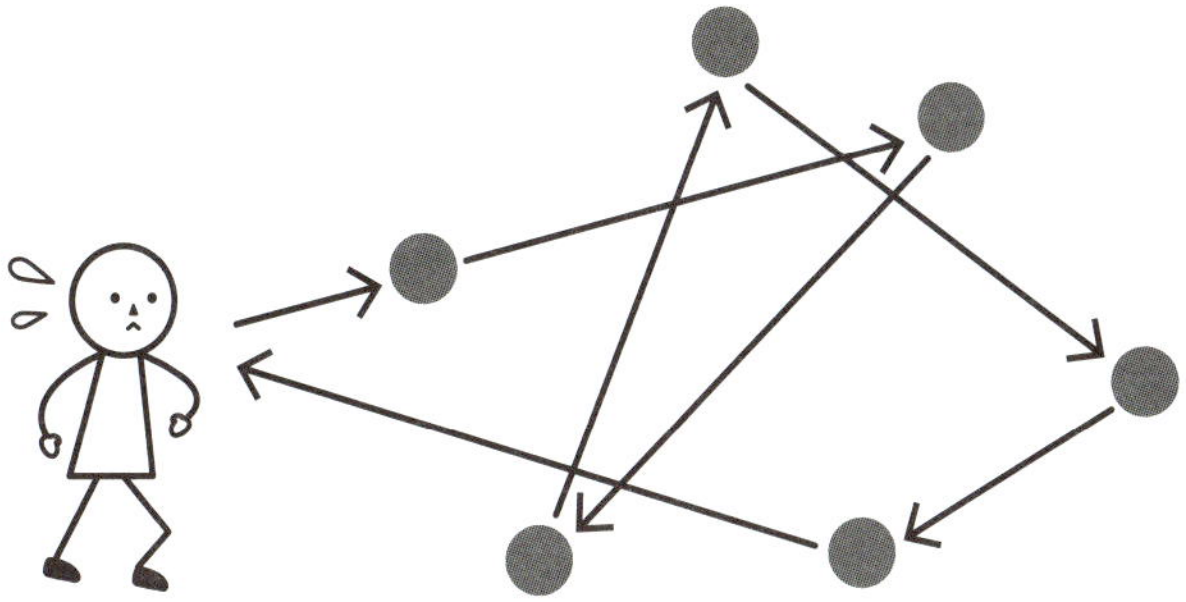

ムダな時間が多く非効率的

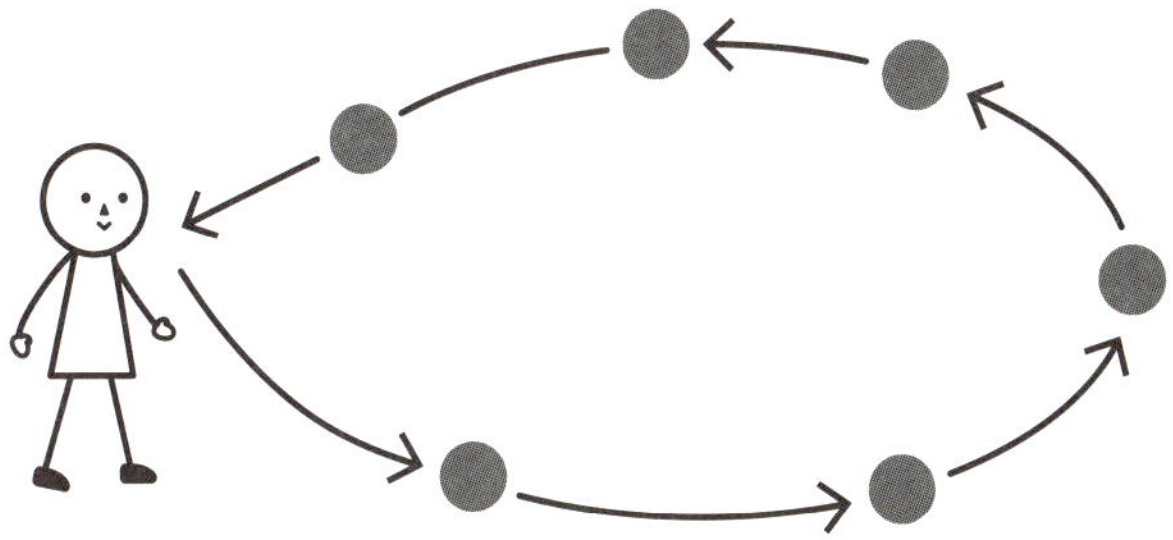

常に最短距離を意識して行動する

でもいい場合は、こちらから希望時間を提案します。

「1回で2回分」を狙う

もうひとつのコツは、「一石二鳥を狙う」こと。

一度の訪問で複数の仕事を同時に済ませることを習慣にします。

たとえば、資料を渡すついでに契約書もいただく、といったようにまとめて用事を済ませれば、2回目の訪問はなくなり、移動距離をなくせます。

でも、こう思われたかもしれません。これほどまでに合理的にやると、相手に嫌われるのでは？と。

大丈夫です。ビジネスパーソンは忙しいので、誰もが最短距離を考えています。時間の貴重さをお互い理解しているので、問題ありません。

小さなことに見えるかもしれませんが、この積み重ねが1日、1週間、1ヶ月……となると、大きな時間になるのです。

お客様へのアポイント、コピー機までの往復の数歩、打ち合わせのために会議室に入るまでの移動……。その一つひとつに対して、「それくらいのこと」と思わない姿勢があってこそ、1分1秒をムダにしない習慣が身につくのです。

Basic works of scheduling

11

会議の予定を「会議」と書くだけでは甘い

!

一つひとつの行動に目的を持たないと
ビジネスパーソンとして失格

「得たい成果」まで書いておく

新人のときのことでした。その日は、私がアレンジしたお客様との接待。上司と待ち合わせをし、お店に向かうタクシーのなかで尋ねられました。

「今日の落としどころは？」

お客様と仲良くなる、というだけでは許される空気でないことは一瞬でわかりました。すると、また質問が飛んできました。

「伊庭君の得たい結果は何なの？」

少しの沈黙の後、叱られました。

「一つひとつの行動に目的を持たないとダメだよ。これから、そうしような」と。

予定の立て方において、ビジネスパーソンは、一つひとつの予定に対して「目的」を明確にしなければならないということです。

学生なら、「とりあえず会う」ということすら予定として成立しますが、ビジネスパーソンでは、まずありえません。

その感覚を会得しておかないと、ビジネスのスピードについていけなくなります。

そこで、一つひとつの予定の目的をハッキリさせる、手帳を使ってのトレーニングを紹介します。手帳に予定を書く際、「得たい成果」や「目的」を予定の横にでも小さく書いておく方法です。

たとえば、月末に課ミーティングに参加するとしましょう。

何の目的もなくミーティングに参加するようでは時間のムダでしかありません。自分なりの目的を持って参加することで、意味のある場となるのです。

たとえば、課長から事業の進捗を聞く場があるとするなら、他の部署での業務改善の成功例を聞き、「時短のヒントを得る」ことを目的とするのでもいいでしょう。

となると、手帳の予定の「課ミーティング」の下あたりに、「ヒントを得る」と書いておきます。

そこで、その瞬間にそのミーティングが、あなたにとって「ヒントを得る」場となるわけです。こうすることで、いかなる予定にも「目的」を明確にする習慣が身につきます。

漠然と予定を入れるだけではNG!

今日はなんでこの席を
設けたんだっけ…

16日
17日
9
10
11
12
13
14
15
16
17
18
19
20
ミーティング
プロジェクトの
ヒントを得る
A社接待
商談を
まとめる
目的も
併記しておくと、
生産性が上がる!

あえて目的を書くことで、意識を高める

Basic works of scheduling

12

ムリヤリにでも3週間先を埋める

!

今週の予定が入ったら、来週、再来週の予定も想定して入れると、段取り力が高まる

先読み力を鍛えるために

「先を見据えて仕事をせよ」と言われますが、なかなか難しいものです。

今が忙しいのに、先を考える余裕なんてないのが現状ではないでしょうか？

これも手帳を使って「3週間単位」で予定を立てることで、自然と先読み力が鍛えられます。

予定を書き込むときに、3週間先の予定が空白にならないよう、**次の展開を予想して強制的に予定を入れる**ようにするのです。

たとえば、お客様に商品を納入するとしましょう。本来は、予定に「納入」のことだけを記せばいいのですが、3週間単位でムリヤリにでも埋めていくとなると、こうなります。

・お客様に新商品を納入《今週の水曜》
・お客様の職場での評判を確認《来週の水曜〜金曜》
・確認したお客様の声を上司に報告《再来週の水曜》

このように、次の展開を想像し、予定に記していかねばならなくなります。そうすることで先読み力が自然と高まります。

さらにつけ加えると、3週間先までをあらかじめムリヤリにでも考えると、とてもきめ細やかな人になれる効果があります。

「その先」のことを常に考える習慣が身につくのです。

たとえば、お客様に提案書を渡したとしましょう。すると、ここから先の3週間の出来事をイメージすることになります。

「誰が決裁するのか」「どこでどのように決めるのか」と、今までは考えていなかったことをイメージする習慣が身につき、「提案書を渡して終わり」ということがなくなるわけです。

ぜひ、「3週間単位」で予定を組む方法にトライしてみてください。こうすることで、**次々と入る業務に翻弄されることはなくなりますし、とても気配りのできる人になれる**こと間違いなしです。

次の展開を想定して予定を組む

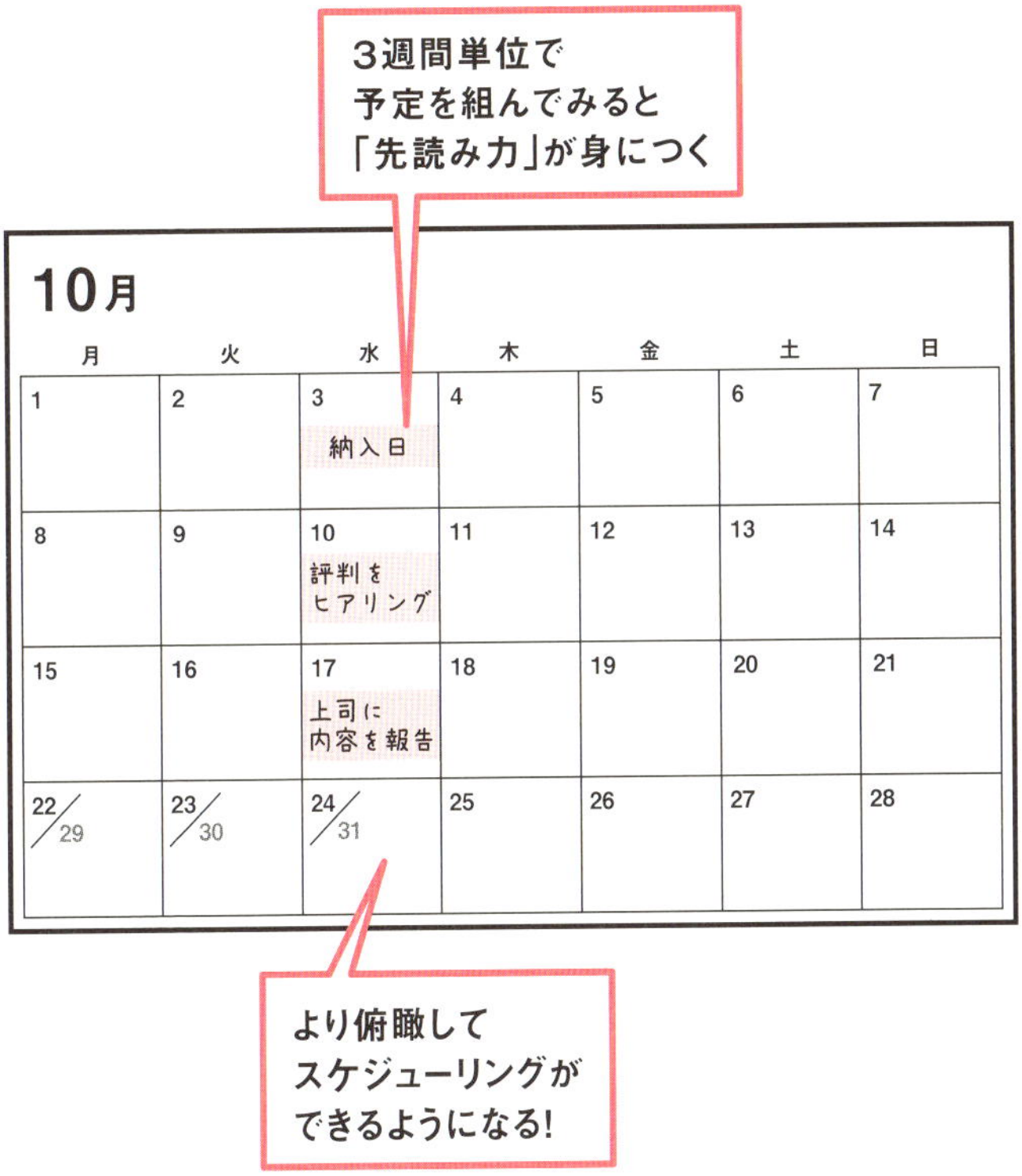
3週間単位で
予定を組んでみると
「先読み力」が身につく
10月
月 火 水 木 金 土 日
納入日
評判を
ヒアリング
上司に
内容を報告
より俯瞰して
スケジューリングが
できるようになる!

予定は“入るもの”ではなく“入れるもの”と考える

Basic works of scheduling

13

納期までに3回「アラート」を設定する

!

忙しいとき、締切の
うっかり忘れはけっこう多い

1週間前と3日前にチェックポイントを作る

私は記憶力がかなり悪いことがコンプレックスのひとつですが、うっかり忘れて納期に遅れたという失敗はほとんどありません。

種明かしすると、手帳の3ヶ所に「アラート」を記入しているのです。

アラートとは、注意や警戒を促すために表示・通知するメッセージのこと。

このアラートを納期までに3回記しておくことで、確実に「うっかり忘れ」を予防できます。 納期日はもちろんのこと、納期の3日前、納期の1週間前に「＊＊の件○月○日締め」と記載します。手帳に記すと77ページのようになります。

このように、アラートを記入しておくだけで、納期が近づいていることに気づくことができます。たとえうっかり忘れていたとしても、1週間もあれば対応できます。

私の主な仕事は研修講師ですが、講師といってもただ登壇するだけではなく、テキストの作成も行っています。

納期までにテキストを作成し、主催者にデータを送らねばなりません。

このとき、同時並行で5～6件のテキスト作成をしていることが常なのですが、アラートを3ヶ所に記載しているので、忘れることなく、おおむね約束した日の3日前までには送ることができています。

もし、このアラートがなければ、直前までうっかり忘れてしまうこともあるだろうな、と容易に想像がつきます。

「うっかり忘れ」の不安をなくすためにも、ぜひアラートを手帳に記しておきましょう。そうすることで、うっかり忘れがなくなるばかりでなく、締切前にバタつくこともなくなります。

締切当日、3日前、1週間前に「アラート」を設定

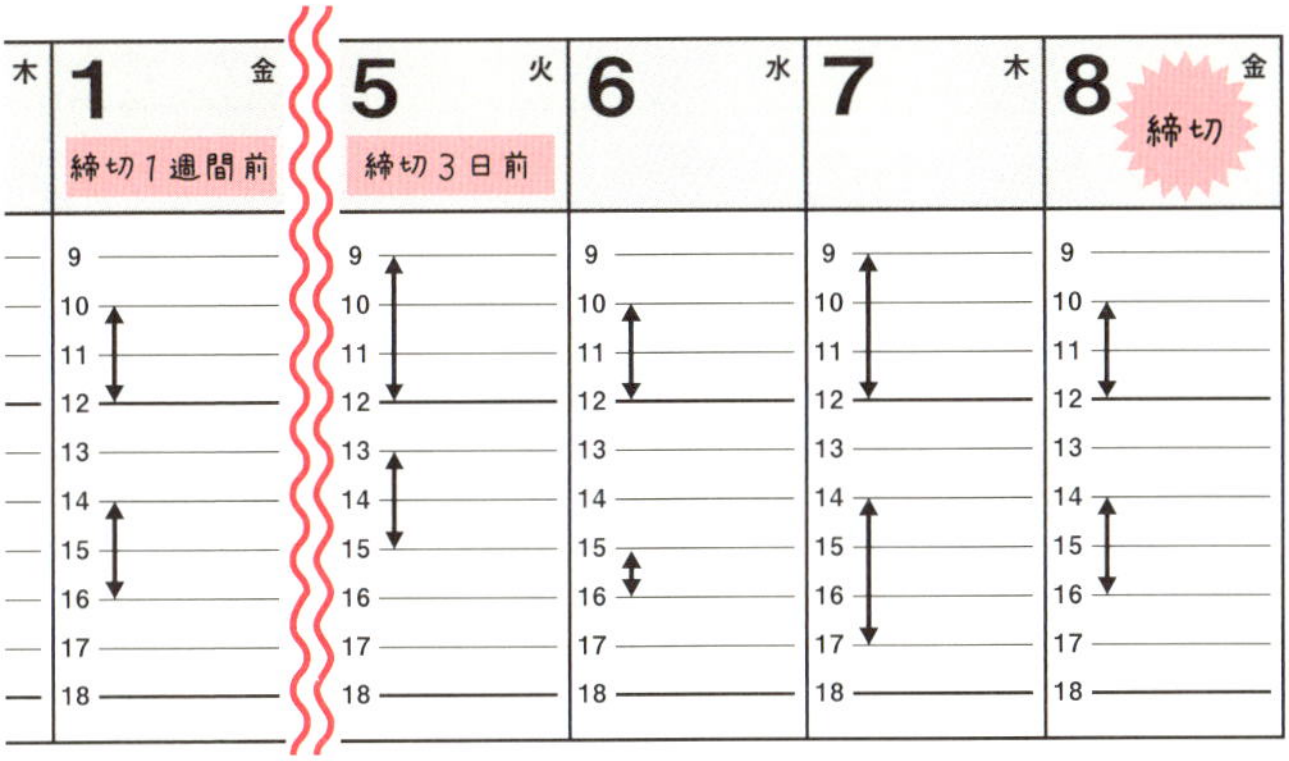
木
1 金
締切1週間前
5 火
締切3日前
6 水
7 木
8 金
締切
9
10
11
12
13
14
15
16
17
18

来週締切だった!
あぶなかった…

うっかり忘れや締切前のバタつきを防止できる!

Basic works of scheduling

14

忘れそうな報告事。忘れると一気に信用を失う

!

お礼やお詫び、進捗の報告、
ミスの報告…。相手はずっと待っている!

一見予定ではないことこそ予定に入れる

若いとき、めちゃくちゃ叱られたことがあります。

それは、報告が遅かったからでした。当時の私は、どこか楽観的なところがあり、また後で報告すればいいや、という思いがありました。

でも、何度か叱られることで学んだことがあります。「ささいだと思うことほど迅速な報告を！」ということです。

求人広告の営業をしていた私は、FAXの送り先を間違ってしまったことがありました。

掲載前に求人広告の内容確認をしていただくために、広告主に送ったつもりだったのですが、送り先を間違えていたのです。すぐに破棄してもらい、広告主にもそのことを報告し、事なきを得ました。

私は、一件落着だと思い、後で上司に報告すればいいや、と思っていたのですが、忙しさのなかで、うっかり忘れてしまったのです。

報告したのは1週間ほど経ってからでした。普段はやさしい上司なのですが、そのときは大変厳しい口調で注意を受けました。

「なぜ報告をしなかった！　事なきを得たから大丈夫ということではない！　情報が漏れたという事実には変わりがない！　これは伊庭個人の問題ではなく、会社の問題なんだよ」と。

コトの重大さに気づかなかった私のミスでした。**どんなに小さなことでも、まずは報告をするということが絶対のルール**なのです。

でも、小さな報告ほど、忙しさのなかで忘れがちになります。

たとえば、ちょっとしたお礼の連絡や進捗の報告、ささいなミスの報告など。ささいなことですが、ついつい忘れてしまうことがあります。

忘れないためには、どんなにささいなことでもとにかく手帳に書いておくことです。

「＊＊の報告」と。

ささいなことの報告の「うっかり忘れ」には思った以上に信用を失うリスクが隠れ

「後で」ではなく「今」手帳に書く

ミスしておいて
お詫びもないなんて！

どうして逐一
報告しないんだ！

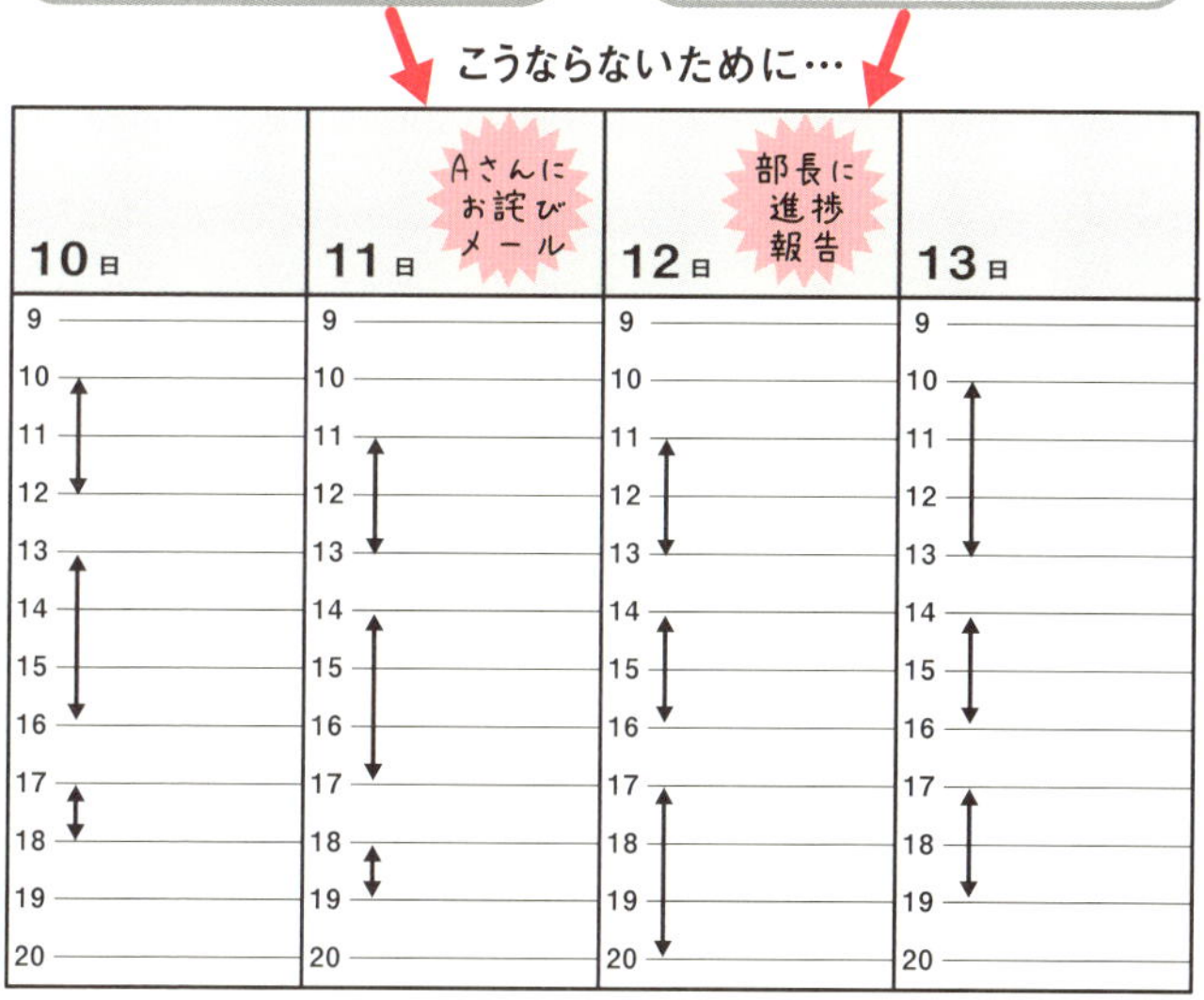
こうならないために…
10日
11日
Aさんに
お詫び
メール
12日
部長に
進捗
報告
13日
9
10
11
12
13
14
15
16
17
18
19
20

報告忘れは信用に関わる。
だからきちんとメモしておく

ているものです。「これくらいは大丈夫だろう」というのが一番危ない。報告を忘れることは絶対に避けねばなりません。

私が戒めにしている言葉があります。

警察官僚として、東大安田講堂、よど号ハイジャック、あさま山荘事件など多くの公安事件を指揮した危機管理のエキスパート、佐々淳行氏の言葉です。

「報告は、正しい情報よりも、まずは拙速さが重要。その後に詳しい情報がわかれば、逐次、情報を追加せよ。まずは早く報告するということが何よりも大事だ！」

報告は拙速に。ましてや報告を忘れることは絶対に避けましょう。

第3章

手帳1冊でどんなにたくさんの仕事も余裕で回せる！

Basic works of scheduling

Basic works of scheduling

15

「締切から逆算」を徹底する

!

1ヶ月→1週間→1日と
落とし込んでいく

「とにかく頑張る」の積み立て式では達成できない

スケジューリングの基本は逆算だ、とよく言われますが、話を聞くとほとんどの人が、それとは完全に逆。足し算型です。

今日1日をできる限り頑張り、次の日もまた一生懸命に頑張る。そうすれば、きっと成績は急上昇すると信じているところがあります。

まず、「足し算型」と「逆算型」の違いを把握しておきましょう。営業や販売で考えるとわかりやすいと思います。

まず、先にも述べたように足し算型とは今日を一生懸命に頑張れば、目標に達成するという考え方。

この考え方の問題点は、一生懸命やったとしても最初から達成が難しい道のり、たとえるなら東京から大阪に行きたいのに、名古屋までしか行けないというもともとゴールに達しない設計になっていたとしたら、目も当てられないことになるという点です。

営業で〝とりあえず〟１日20件訪問すればＯＫ！というのは足し算型の発想になります。もはや精神論に過ぎず、必死で努力すれども、未達成への道を歩むことになります。

一方で逆算型とは、確実に達成するためには**「いつまでに」「どこまで」到達しておかねばならないかを決める方法**です。

たとえば月間の売上目標が１０００万円だったとしましょう。

営業日が20日とします。１日当たり50万円の売上を作る予定を立てることになります。しかし、今の実力値が40万円とするなら、１日当たり10万円を作ることが目下のテーマとなるわけです。これをどうやって作るのかを決めてから、行動しなければ達成できません。

営業や販売だけではなく、どんな仕事についても同様です。達成までの道のりを明確にしておくことで、ムダな努力はなくなります。

締切前にバタバタしないためには

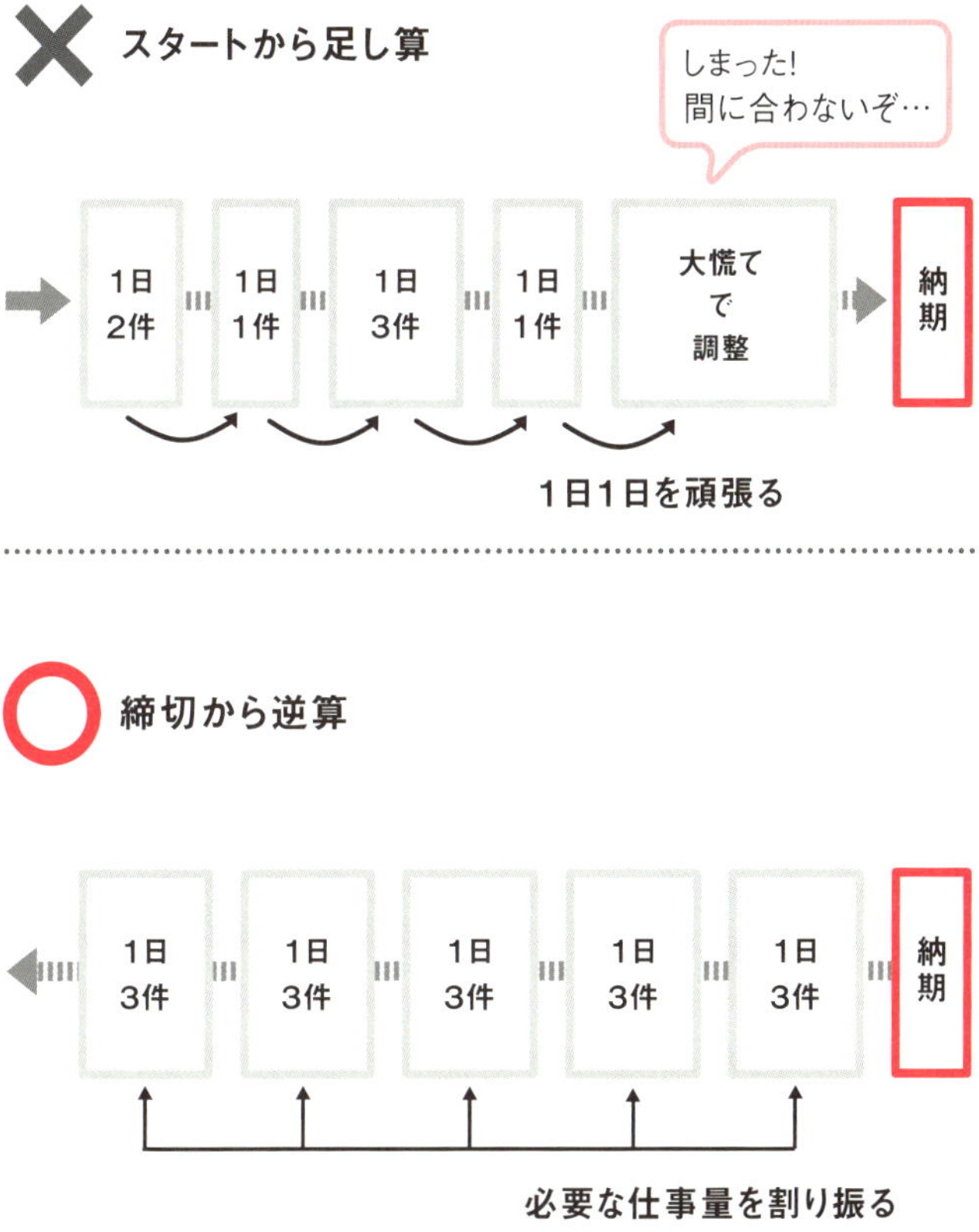
スタートから足し算
しまった!
間に合わないぞ…
1日
2件
1日
1件
1日
3件
1日
1件
大慌て
で
調整
納期
1日1日を頑張る
締切から逆算
1日
3件
1日
3件
1日
3件
1日
3件
1日
3件
納期
必要な仕事量を割り振る

スケジュールは逆算が鉄則!

Basic works of scheduling

16

1週間は4日、1ケ月は3週間で考える

!

締切直前にアクシデントがあったら?
達人はそこまで考える

前倒しの「自分締切」で余裕を作る

ギリギリに間に合わせればいいと考えると、必ずバタつくことになります。

時間の達人は、約束より前に仕上げることを考えます。これをビジネス用語で「バッファ（ゆとり）を持つ」と言います。

つまり、前倒しの「自分締切」を作るのです。

これには理由があります。たとえば、こんな事態になればどうでしょう。約束の日、ギリギリにレポートを提出。すると、相手から次のような返事が来たら困りませんか？

「ちょっと違う。やり直してもらえる？」と。

こうなると、残りの予定をすべてキャンセルしてでも、なんとかやらざるを得ません。時間の達人は、このリスクを恐れるのです。

こうならないように**時間の達人は、1週間の約束なら4日で、1ヶ月の約束なら3週間で仕上げるべく予定を組んで、リスクヘッジをしている**のです。

たとえば、実際の締切よりも前に「＊＊さんに提出」と書くことで、約束の期日よりも早く提出できるようになります。

また、もしあなたが営業職だとすれば、この法則を「目標の早期達成」にも活かせます。

たとえば、3ヶ月で達成すべき目標を付与されていたとします。3ヶ月というと12週。ほとんどの営業マンは、12週で達成すればいいと考え、そのための予定を組みます。

ところが、あえて10週で達成できるように設定するのです。

そして、手帳の10週目のところに、「達成予定日」と記しておきます。これがバッファ、つまり「自分締切」となるわけです。もし、10週で達成すれば、2週間は余ります。この余裕がリスクヘッジとなります。

もちろん、いつも計算通りにいくわけではありません。でも、たとえ進捗が遅れても2週間の余裕があればなんとかなるものです。もし、計算通りにいったなら、この**余った2週間を使って「次の仕事」をすると、納期はさらにラクに前倒しができる**よ

予定にはバッファを入れる

✕ 締切まで目いっぱい時間を使う

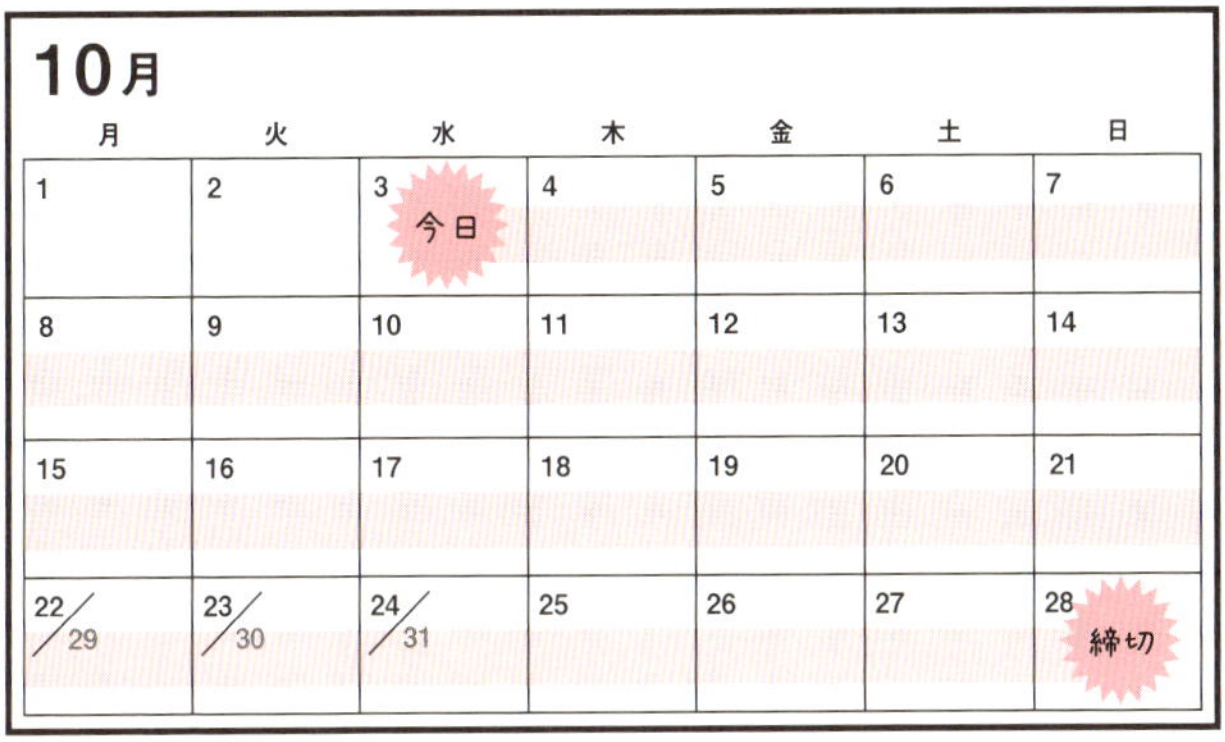
10月
月 火 水 木 金 土 日
1 2 3 4 5 6 7
今日
8 9 10 11 12 13 14
15 16 17 18 19 20 21
22/29 23/30 24/31 25 26 27 28
締切

○ 締切よりも前倒しで終わらせる

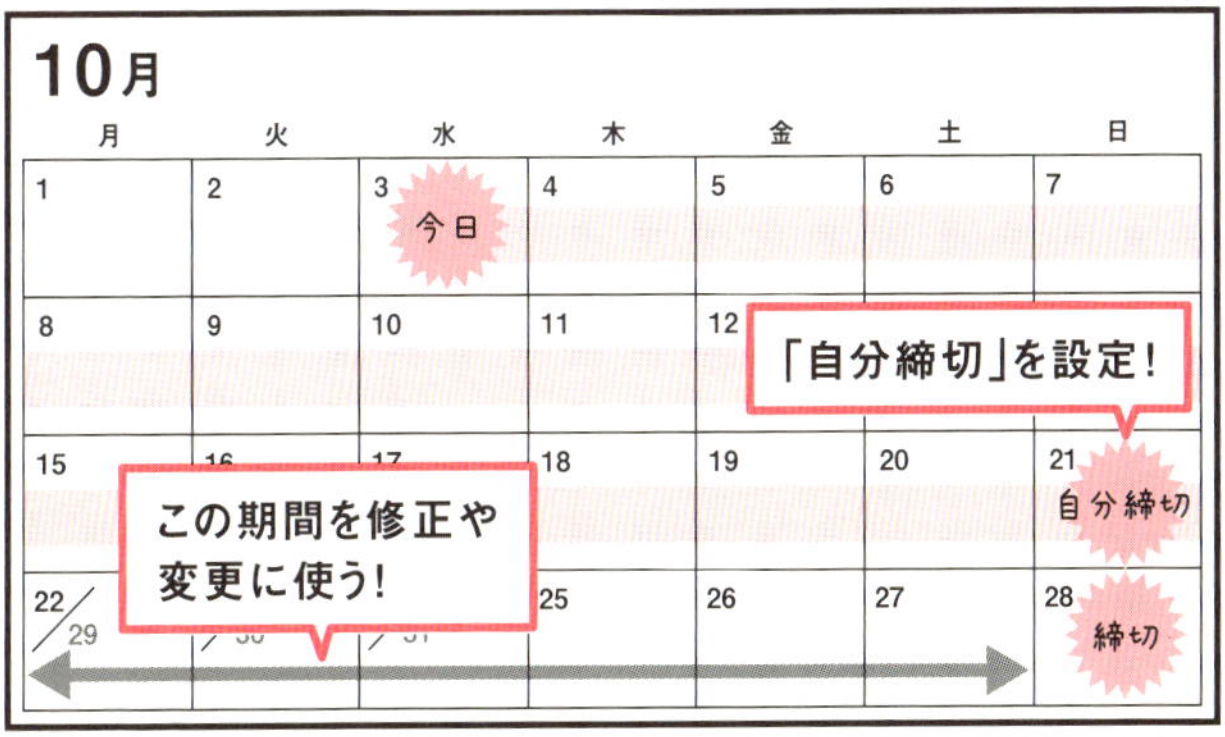
10月
月 火 水 木 金 土 日
1 2 3 4 5 6 7
今日
8 9 10 11 12
「自分締切」を設定!
15 18 19 20 21
自分締切
この期間を修正や
変更に使う!
22/29 25 26 27 28
締切

締切間際の変更でバタつかないように

うになり、また次も余裕をもって達成できる。

この好循環のスパイラルが回り始めれば、私の経験では、3ヶ月の目標なら、2ヶ月で達成できるようにはなります。

意外とできてしまう

もちろん、事業や商材によって状況は様々でしょうが、重要なことは早めに締切を設定し、バッファを持つこと。

ところで、締切を早くすると、

「ただでさえ今もギリギリなのに、さらに業務がきつくなるのでは？」

「目標をそんなに前倒しになんてできるわけがない」

などと思われる方もいらっしゃるかもしれません。

安心してください。**思っている以上に人は締切に合わせて、自分の仕事量を決めているることに気づくはずです。**もちろん、ボーッとしていられる時間やムダに過ごせる時間は減りますが、意外とできるものです。

たとえば、1ヶ月（4週）を3週でやるとなると、1日当たり約30％の仕事を増やすることになります。面談なら3件を4件にするイメージです。3件から4件程度の増加なら、時間活用の工夫で十分対応できます。

でも、**労働時間を延ばすことはナンセンス。**残業なんてしても30％の生産性アップはできません。夜は「財」を生みません。オンタイムの時間効率を徹底的に高めていくようにしましょう。

電車での移動時間にメールを送っておく、待ち時間等のスキマ時間に連絡をするなど、その程度のことで十分に時間効率を高めることができます。

第4章にスキマ時間を利用して仕事を効率化する方法を書いていますので、参考にしてみてください。

「自分締切」つまりバッファを設定することで、バタつくことはなくなりますし、達成もより確実なものとなるでしょう。

締切を前倒しにし、負荷をかけることで、何よりもあなた自身も気づいていなかった自分のポテンシャルを引き出すことができるでしょう。

Basic works of scheduling

17

今週の目標が達成できるかは、月曜の朝に決まってしまう

!

達成までのペース配分を月～金で
綿密に決めておく

いつまでにどこまで仕上げるか見通しを立てる

スケジュールと登山は似ています。締切前にバタバタしてしまうのは、いつまでに、どこまで登るか、登り方を決めていないことも大きな要因です。

まず、1週間が始まる前、具体的には**前週の金曜日、もしくは月曜日の朝までに、いつまでに、どこまでを片づけておくのかを決めねばなりません。**火曜には50％（下書きまで）、木曜には90％（ほぼ完成）、金曜に100％（微修正をして完成）、といったように書いておくことで、無理のない計画を組むことができます。

進捗を書くことで、遅れを予防し、締切前のバタつきをなくします。

なかには、締切間際のほうが集中力が高まるので、ギリギリになってから一気に仕上げるという人もいます。ですが、そういう方を見ると危険だな、と思ってしまいます。もし、最後の最後でインフルエンザにかかってしまったら？　もしも、緊急事態が発生したら？

あらゆるリスクを想定した上で、万一のときのダメージを最小限にする。そんなことを考えながら、計画を組むのも必要な発想です。

そして大事なことは振り返り、つまり反省の時間を持つことです。

バタバタしてしまったらなおさらです。なぜ、そうなったのかを翌週が始まるまでに振り返ってみてください。

一つひとつのタスクに時間がかかりすぎたのか、それとも所要時間の見立てが甘かったのか、想定外のタスクが入ったのかなど。**検証をすることで、あなたの時間管理の精度が高まります。**

忙しい日常ではついおろそかにしてしまいがちですが、検証なくして改善はなし。ぜひ、1週間に3分でもいいので、検証の時間を持ってみてください。

「いつまでに」「どこまで」を予定する

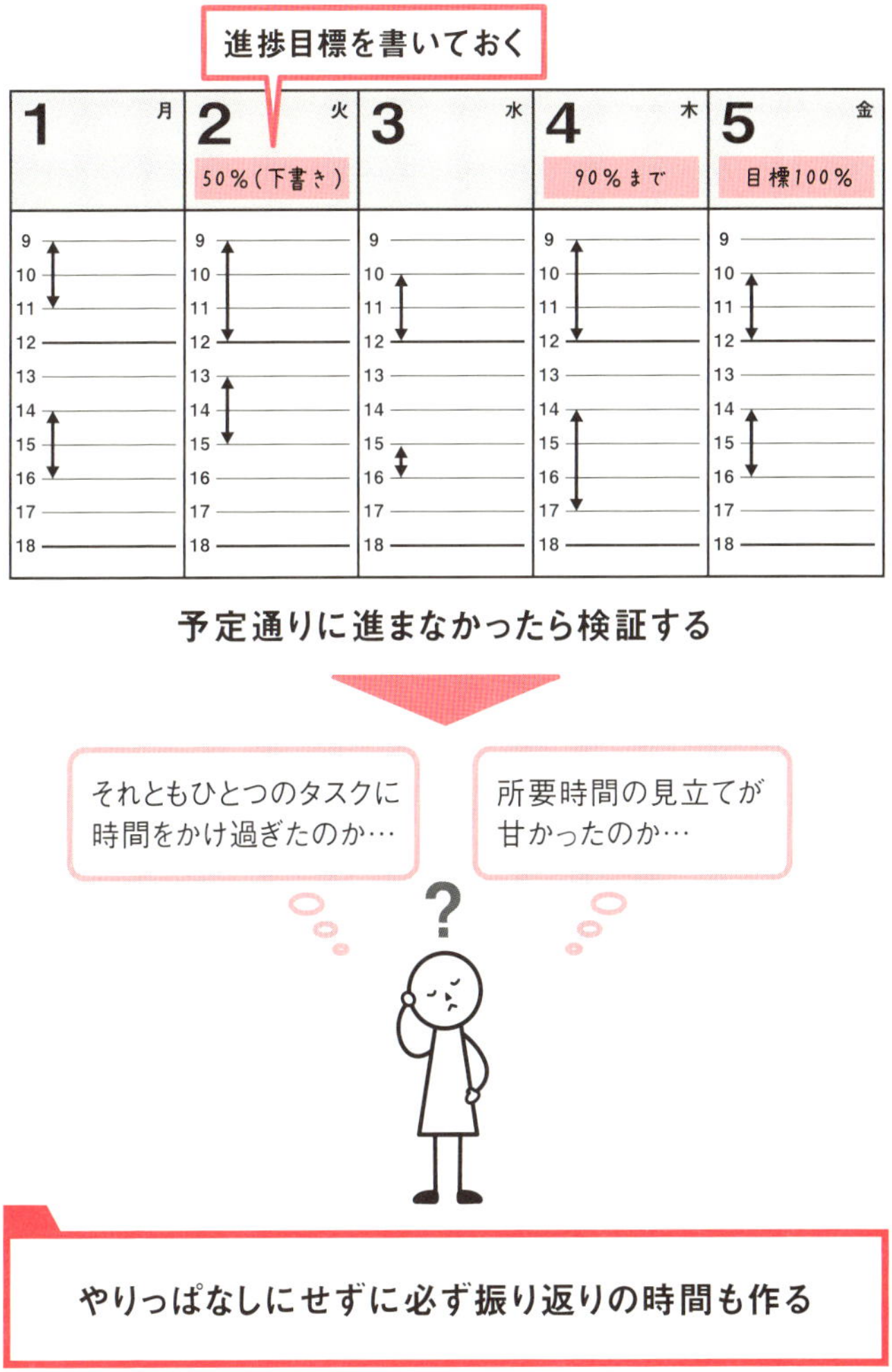
進捗目標を書いておく
1 月
2 火
50%(下書き)
3 水
4 木
90%まで
5 金
目標100%
予定通りに進まなかったら検証する
それともひとつのタスクに時間をかけ過ぎたのか…
所要時間の見立てが甘かったのか…
やりっぱなしにせずに必ず振り返りの時間も作る

Basic works of scheduling

18

同時進行を軽々こなすにも、手帳がキモ

!

複数のプロジェクトの忙しい時期をうまく乗り切る

マンスリーで全体を見て、ウィークリーでタスク管理

複数の仕事を受け持ったときは、マンスリーページを活用することもできます。スケジュールをマンスリーページで管理するのではなく、あくまで複数のタスクの進捗管理として使います。

ちなみに私の場合は、すべての予定をウィークリーページに落とし込んでいるので、もはやマンスリーが不要なのです。これは好みや慣れにもよるところだと思います。

ただ、1ヶ月をまたぐタスク管理は、1週間の箇所だけでは管理が難しいこともあるでしょう。タスクを整理する効果がありますので、マンスリーをぜひ活用してみてください。特に複数のスケジュールを同時に管理することに慣れていないうちはオススメです。

たとえば、レポート作成や資料の準備等が重なったとき、どうしても頭がゴチャゴチャになることはないですか？　全体を整理するには、マンスリーページは便利です。

それぞれのタスクの期間に矢印の線を引くことで、それぞれのタスクがどのように

走っているかが一目瞭然になります。整理されてスッキリします。

注意していただきたいのは、これはあくまでもプロジェクトやタスクがいくつ重なっているのかを知る目安だということです。忙しい時期や余裕がある時期をひと目で確認できるようにするものなので、それだけでの予定管理は危険です。

複数の仕事が同時進行で走っていて混乱しそうなときは、迷わずマンスリーページとウィークリーページの両方を同時に使うようにしましょう。

マンスリーに全体を書いておき、その内容をウィークリーにも転記しておきます。こうすることで、全体の把握ができるだけでなく、転記するので予定のモレを防ぐことができます。

また、「プロジェクトの期間が半年、1年と長い仕事を回す場合には、何に注意してスケジューリングすればいいのか？」という質問をいただくことがあります。

これも同じです。マンスリー（あるいは年間）とウィークリーの両刀使い。

マンスリーや年間の部分に目安としてのスケジュールを矢印で書き、具体的なスケジュールはウィークリーに落とし込む。

そして、書いたら書きっぱなしにするのではなく、変更が入るたびに修正をしておけば、忘れることもなくなりバッチリです。

Basic works of scheduling

19

70点でも早く出す。できる人がみなしていること

!

「完璧になるまで手離れできない」は独りよがり

仕事は相手ありき。すり合わせて細部をつめる

仕事に完璧を求めていくとキリがないものです。ある程度のところで、見切りをつけることも重要です。

でないと、常に締切のギリギリまで奮闘せざるを得ません。

だからといって、その奮闘が相手の満足につながるとは限りません。むしろ独りよがりになっている可能性を疑ったほうがいいでしょう。

まず、締切は余裕を持つこと、と申しました。本書でこれまでに紹介した「3週間先まで予定を埋める」方法や、「締切からの逆算法」「自分締切を設ける」などの方法を試してみてください。

加えて重要なことは、**仕事の質が独りよがりにならないように、相手に常に確認を求めながら進めること**です。

でないと、せっかく良かれと思い、目いっぱいギリギリまで頑張った努力であっても、

「イメージが違う。それなら事前に教えてほしかった」
と言われかねず、かえって信用を失墜してしまう結果になるわけです。

仕事は必ず相手ありきで進むものです。**大枠を見せて、仕掛かりの段階でも確認をとるなど、コミュニケーションをとっておきましょう。**

最初に見せるのは70点の完成度でもかまいません。そこから相手とすり合わせて、１００点に近づけていけばいいのです。

一番良くないのが、相手にこちらの進捗が見えないままに、自分ひとりで黙々と１００点を目指してしまうことです。相手は不安とストレスしか感じません。

「詳細はこれから仕上げます。この方向で作成中です。気になる点があればおっしゃってください」とひと言添えてあげればパーフェクトです。

完璧を求めていくとキリがない…

もっとこだわって
作ろう
もっといいものを
作るには…

締切当日

この部分
どうしてこうしたの?
事前に言って
くれたらいいのに…

独りよがりの仕事をせずに相手に確認しよう!

Basic works of scheduling

20

最大のタイムマネジメントは「やらないことを決める」こと

!

当たり前になっている仕事を
根本から疑ってみる

やみくもなテレアポをひとりやめた敏腕営業マン

短時間で成果を出すコツは、「たくさんのことをする」のではなく、「やるべきことを絞る」ことです。つまり、ムダなことはやめる。

しかし、ムダなことはやめようとは思っているけれど、そのムダなことが分からないから困るわけです。それが分かれば苦労しない、と。

でも、実は難しくはありません。次のふたつの観点で診断をしてみてください。

①　もし、それをやめたらどんな影響が出るのか？（影響がないなら、勇気を持ってやめる）

②　もっと効率のいい他の方法はないのか？（いい方法があるなら、勇気を持って変えてみる）

私がすごいなと思った、ある営業マンの例を紹介しましょう。

彼はあるグローバルカンパニーのトップパフォーマー。そのときの彼のミッションは外資系会社を開拓する新規開拓営業でした。

流暢な英語で電話をかけ、アポイントをガンガンとっていたのですが、彼はもっと効率のいい方法を模索していました。そして、驚きの方法を上司に提案したのです。

「テレアポをかけるのもいいのですが、各国の在日商工会議所に登録すれば、月例会（パーティ）で幹部と2～300枚の名刺を一瞬で交換できます。しかも、費用は安く、フランス在日商工会の場合、個人会員なら年8万円です。その他に、ドイツ、アメリカなど多数あります。実は外資系企業同士、そこで関係を作ってビジネスのスピードを速めているのです」

もっと効率的な方法を追い求める彼からすると、テレアポをかける時間すらムダに思えたのです。実際に彼は、そのパーティーに行き、フランスのサルコジ大統領（当時）と記念撮影をしただけでなく、目的であった「たくさんの名刺」を手に入れて帰ってきました。電話を100万本かけるより効果的であることは明白でした。

もちろん、テレアポがムダだと言っているのではありません。「本当にそれがベス

本当に意味のある仕事なのか疑ってみる

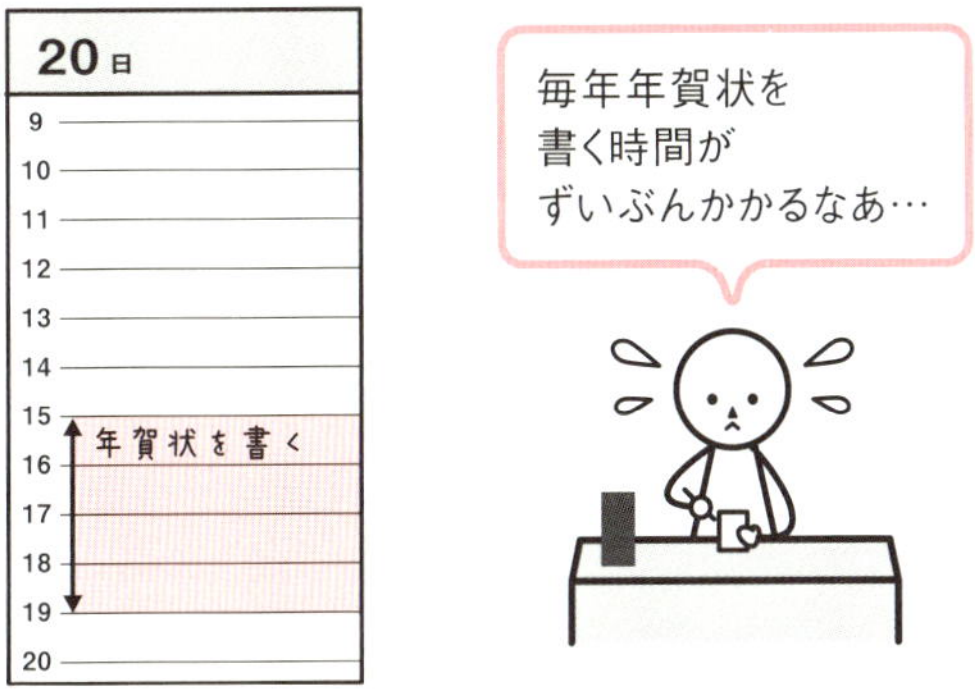
20日
9
10
11
12
13
14
15
年賀状を書く
16
17
18
19
20
毎年年賀状を
書く時間が
ずいぶんかかるなあ…

ムダかどうか実験してみる

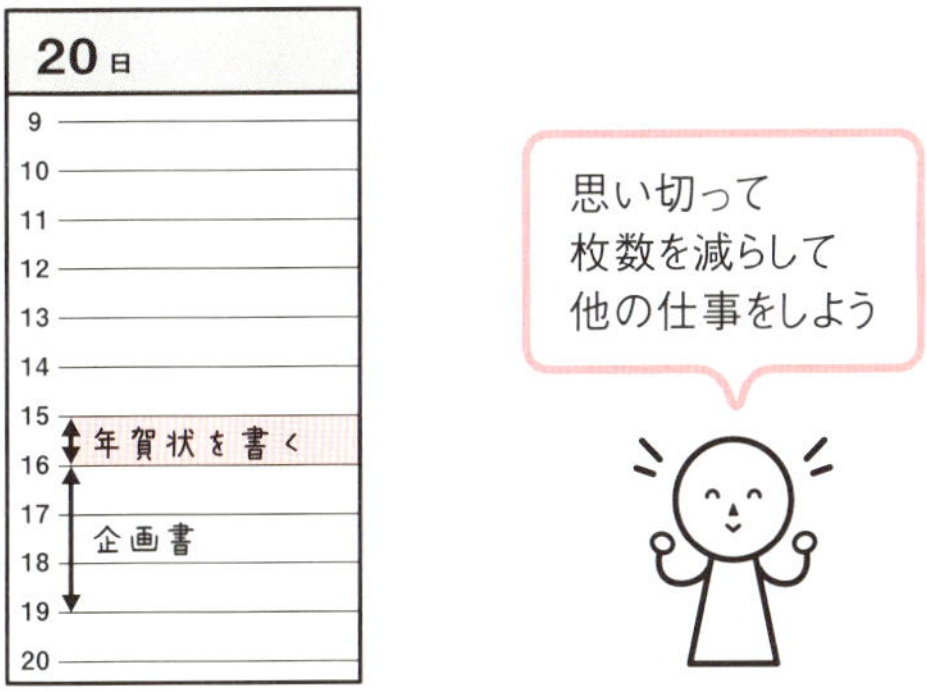
20日
9
10
11
12
13
14
15
年賀状を書く
16
17
企画書
18
19
20
思い切って
枚数を減らして
他の仕事をしよう

効果が薄い仕事は思い切って一時停止

トなのか」を考え尽くした上での判断なら問題ありません。しかし、**今やっていることを当たり前とは思わずに、「本当に？」「他には？」と考えることを習慣にする**ことが、短時間で成果を出す上では必要なのです。

ムダかわからないなら「一時停止」してみる

それでも、それがムダかどうかがわからないことはあります。

この場合はこうするのが正解です。いったんやめてみること。リスクのない範囲で一時停止するのです。

たとえば、年賀状。これをやめるのには勇気がいるものです。

実は私は一度、ビジネスの年賀状を一時停止したことがあります。もちろん、ダメージのない範囲で実験しました。

すると、年賀状の枚数は5分の1程度になり、年賀状を書くという1週間分の仕事がなくなりました。幸いにも私の場合は、ビジネスへの影響はまったくありませんでした。もちろんジレンマはありましたし、本当に大丈夫かな、と思いました。

もしかしたら、今後ジワジワと悪影響が出てくるかもしれません。でも、再起不能になるほどのダメージには至らないと考えています。

私が知る時短に成功したある会社の社長の言葉は、我々の勇気となります。彼はこう言います。

「時短を進めることで、やめてはいけないことをやめてしまっている可能性がある。でも、そんなことを気にしていたら、何事も進まない。間違えていると思ったら、修正すればいいだけだ」

ムダかどうかは、本当のところ実は誰にもわからないものです。絶対の正解なんてありません。

そんなときは経験に頼らないことです。正解があるとしたら、それは**「まずは小さく実験をし、もし間違えていたら修正する」**ことしかありません。

本当のリスクヘッジとは、少しでもいいので勇気を持ってやり方を変えることです。決して今のやり方を維持することではありません。まずは小さい実験をトライしてみてください。

Basic works of scheduling

21

フリクションペンで「仮の予定」をどんどん入れる

!

「消せるペン」が手帳の利便性を
格段に上げた

自分のペースで仕事を先に進めるために

手帳ともっとも相性のいいペンは「消せるボールペン＝フリクションペン」だと断言します。

というのも、時間の達人は変更になるかもしれない「仮」の予定でもどんどん入れていくからです。

たとえば、忙しい相手に面談のお願いを持ち込むこともあるでしょう。時間をとってもらうのは困難なことが多いものです。

そんなときは、「仮」でどんどん予定を埋めていきます。具体的には「仮で結構ですので、そのお時間をいただくことは可能でしょうか?」と提案します。

もちろん「仮」ですので、変更が入ることはあります。ここで、「消せるペン」が威力を発揮します。

また、**時間の達人は、先に自分から予定の候補日をいくつか伝えることが多い**のも特徴です。

「次の3つの日時のご都合はいかがでしょうか？」と。

そのとき、手帳に3つの候補日をロックすることになるのですが、そのうちふたつは消すことになります。ここでも、「消せるペン」が威力を発揮するのです。

このように、時間の達人は自分から「仮」で予定をどんどん埋めていくので、相手の都合に振り回されることがないのです。

予定が変わることを恐れずに、どんどん書き込んでしまいましょう。「消せるペン」ならば、修正によって手帳がグチャグチャになることもありません。

打ち合わせの候補日を先にロック

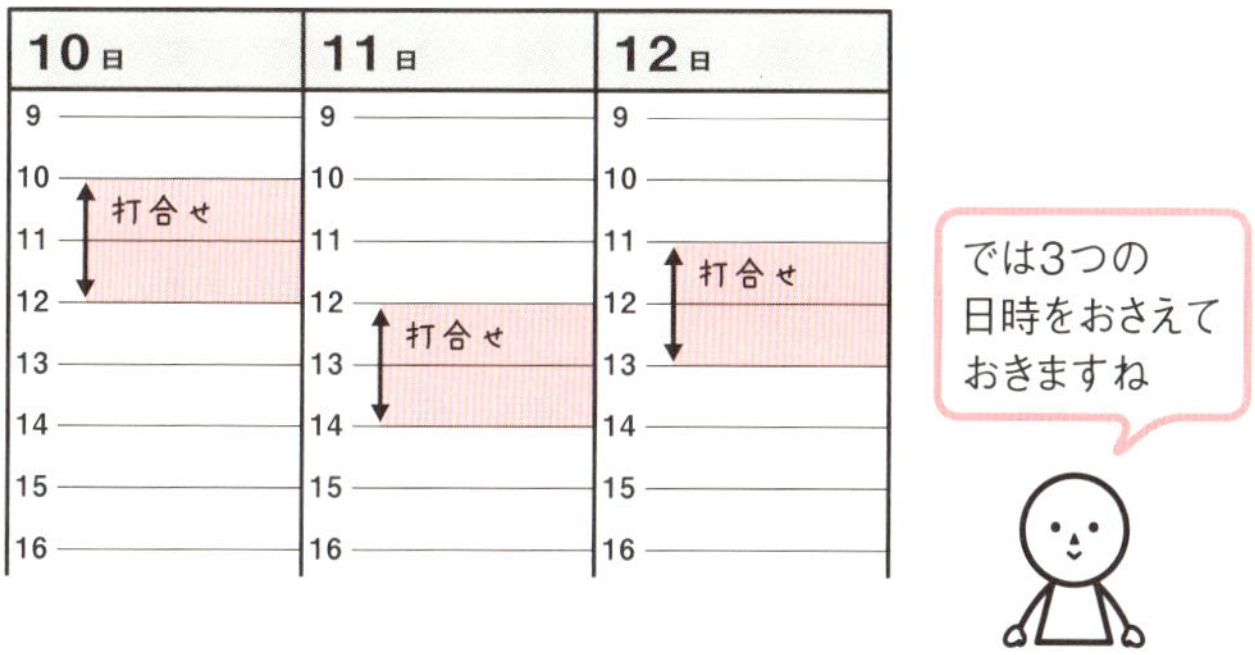

日程が決定したら…

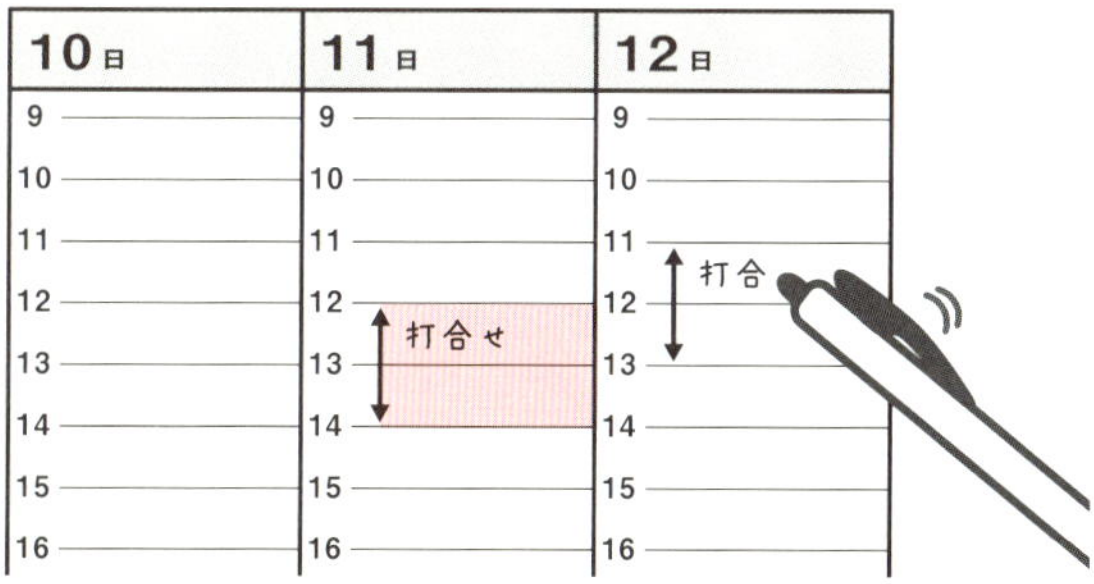

「消せるペン」なら躊躇なく書けて消せる!

Basic works of scheduling

22

あらゆるタスクを30分単位で設定する

!

1時間も30分×2で考えて
時間のスピード感覚を整える

「時間」から「分」へ体感速度をシフトする

仕事はバスケのパス回しのようなもので、全員のタイミングがあってこそ、ストレスなく仕事が回ります。

しかし、たまにボールを持ったまま手放さない人や、投げたボールが遅い人がいます。そうなると、周囲はその人にストレスを感じてしまいます。

実は、スピードに体感速度があるように、時間にも体感速度があります。高速道路でノロノロと走る車の運転手も、遅く走ろうとしているわけではありません。感覚が自分とズレてるのです。

仕事もそれと一緒。**体感速度がズレていては、周囲に迷惑をかけてしまいます**。

今は、残業せずに成果を出すことを会社が要望する時代です。パス回しをより速くする人が重宝されます。つまり、今まで以上に仕事における体感速度を高めておく必要があるのです。

体感速度を速くするいい方法があります。

スケジュールの所要時間の単位を30分で考えるようにしてみてください。

たとえば、いつも1時間かかっているミーティングを30分で終わらせる、2時間かかる企画書作成は30分で終わらせる、レポートも30分で終わらせる等、30分刻みで考えてみることです。


もちろん、30分で終わらないタスクもあるでしょう。その場合は、「×2」「×3」のように、30分を掛けていきます。

私の例ですが、2300文字の連載のコラムを執筆しています。この時間を90分で設定しています。この場合は30分×3です。

大事なのは、1時間ではなく30分単位であること。この単位が、時間の体感速度を作る「習慣」となります。

実は、多くの人は無意識に1時間を単位に予定を決めています。実際、会議の多くは1時間です。

無意識に「1時間単位」で組んでいた予定を…

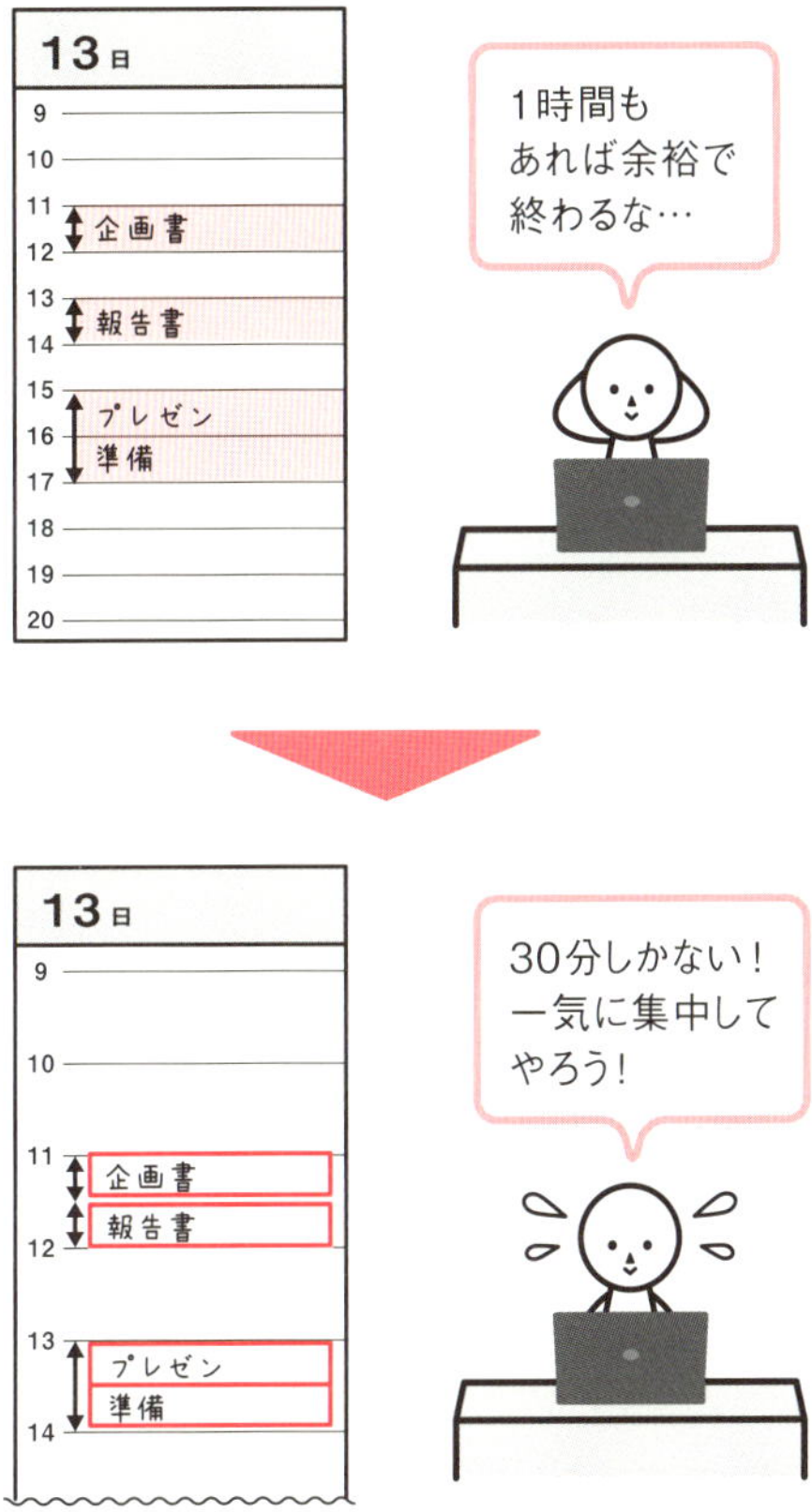
13日
9
10
11
企画書
12
13
報告書
14
15
プレゼン
16
準備
17
18
19
20
1時間も
あれば余裕で
終わるな…
13日
9
10
11
企画書
報告書
12
13
プレゼン
準備
14
30分しかない!
一気に集中して
やろう!

30分単位で考えると、仕事のスピードは加速する

「何時間かかる?」から「何分かかる?」へ。これが体感速度を変えるということ。時間を効率的に使う上では、極めて重要です。

1時間かけようが、30分かけようが、成果が変わることはほとんどありません。時間から分へ。これだけでも、体感速度を高める効果があります。

第4章

手帳を200%使いこなして、デキる人になる!

Basic works of scheduling

Basic works of scheduling

23

スキマ時間はあと3時間増やせる

!

忙しいのに残業しない人には
「何もしない時間」が驚くほど少ない

手帳にはない待ち時間や移動時間が宝石

なぜ、これほど頑張っているのに、いつも残務が残ってしまうのか?と思うことはないですか?

そりゃそうです。日中は打ち合わせなどで時間がつぶれてしまい、自分の作業、たとえば資料作成や報告書を作成する時間がない、ということは少なくありません。

でも、忙しいはずなのに残業をしない人がいます。実は彼らにはある共通することがあります。彼らは**「スキマ時間」を活かすだけではなく、日中のスキマ時間を増やしているの**です。

ある調査では、1日のスキマ時間は1時間9分という調査がありますが(パナソニック調べ)、私は、まだまだ増やせると思います。私のスキマ時間も、おおむね1日3時間程度はあります。決して暇なわけではありません。意図的にスキマ時間を増やしているからです。

たとえば私は、電車が来るまでの駅のホームで、スマートフォンの音声入力機能を使って、こっそり人目を忍んで、スマホに話しかけながら連載の文章を入力していたりします。このようにちょっとしたスキマ時間を徹底的に活かすことで、夜の残務はかなり減らせます。

さて、スキマ時間がいかに時短に効果的であるかはご理解いただけたことと思います。そこで、次のステップとしては、夜の残務をなくす〝砦〟である「スキマ時間そのもの」を増やしてほしいのです。スキマ時間を増やすために、すぐにできる簡単な方法は3つです。

①「お釣り時間」を作る（予定より早く済ませ、お釣りの時間をスキマ時間として活用）
②「余裕時間」を作る（予定より早く到着し、その余裕をスキマ時間として活用）
③「空転時間」を活かす（移動等何もしていない空転時間に、できることを考える）

スキマ時間を増やす方法

①「お釣り時間」を作る

10分早く終わったから
このスキにメールを
返そう

②「余裕時間」を作る

約束より早く
着いたから、今のうちに
企画書を進めておこう

③「空転時間」を活かす

この時間に
1通メール返信できる!

1分1秒の積み重ねが大事!

ほんの少しのことで、スキマ時間は一気に増えます。きっと、あなたのスキマ時間は、まだまだ増やせることでしょう。

「することリスト」は必要ない

ところで、よく質問をいただきます。「あらかじめ、スキマ時間でやるべきことをリストアップすべきか?」と。答えはノー。

「あの会社のホームページをチェックしておこう」。こんなことまでリストには書けません。それこそ時間のムダです。

わざわざリストアップしなくても、その空いたスキマの数分で何ができるかを考える癖を持っておけば十分。常にこの瞬間、何ができるかを考える。これだけでも、随分と変わります。

電車が来るまで3分か……。この間に1通メールをしておこう。そんなことです。

他にも、訪問先から営業所までの帰り道、歩くだけの時間がもったいないと思ったら、スマホの音声入力機能を使いながら、営業報告書の下書きを書いておく。信号待ちが1分ほどありそうなら、スマホで昨日のお礼のメールを入れる。

小さな積み重ねですが、多くの人がスルーしてしまうようなほんの1～2分をスキマ時間として活用することが、夜に仕事を残さないとても効果的な手段になるのです。

Basic works of scheduling

24

「他の人の動き」も手帳のすみに書いておく

!

取引先や上司、チームのメンバーとすれ違わないために

休みや出張の予定、稟議の予定など

こんなことはないでしょうか？　返事をもらおうと連絡をしたところ、その相手が今日は出張のため不在にしていた。仕事をお願いしようと思っていたら、有給休暇で休みだった。

もし、そんなことがたまにでもあるなら、手帳に「自分の予定しか書いていない」のではないでしょうか？

そうならないために、時間の達人がしていることがあります。相手の予定を手帳にメモしておくということです。

たとえば、あなたが営業マンだとします。お客様にプランを提案したとしましょう。先方はひとりで決めるわけではなく、社内で稟議を回すことになります。まずは、課長、その次に部長……と。担当者は、その都度、上長に説明を行うわけです。時間の達人なら数日たったころ、こんな電話をします。

「明日は、部長にご提案ですよね。何かお困りのことはないですか？」

なんて気が利く人だ、と好印象を与えることとなるわけですが、決して記憶力がいいわけではなく、手帳にメモしていただけのことです。手帳の片隅に「＊＊様、部長に説明」と。

このように、**相手の動きをメモしておけば、タイミングのいい人になることもできるわけです。**「出張」「休み」とメモをしておけば、「えっ、不在！　しまった」なんてことも防げます。

つまり、スケジュールには自分の予定だけでなく、相手の予定も書いておくこと。

あなたが手帳に書くべきは、

・チームの仲間の予定（有給休暇や出張の予定を把握しておく）
・お客様の稟議の予定（必要な資料を追加で用意して差し上げるために）
・お客様の周年（お祝いのあいさつをするために）

等です。書いておくだけで、ハズさない人になれるわけです。

それが、忙しくてもタイミングを外さない、時間の達人のワザです。

行き違いや勘違いを防ぐために

上司や取引先の予定を書いておく

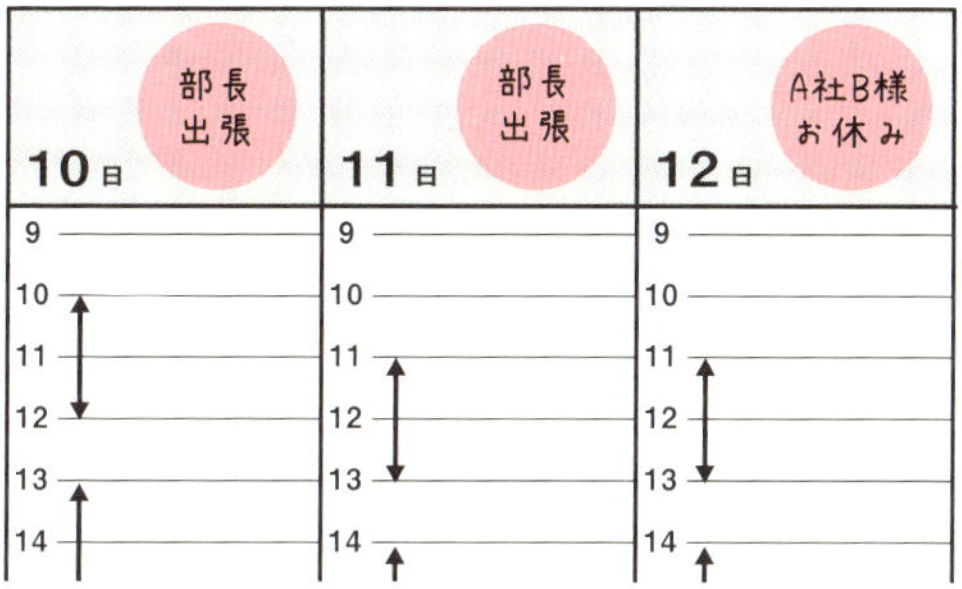
10日
部長出張
11日
部長出張
12日
A社B様お休み
9
10
11
12
13
14

チームの動きはガントチャートで把握!

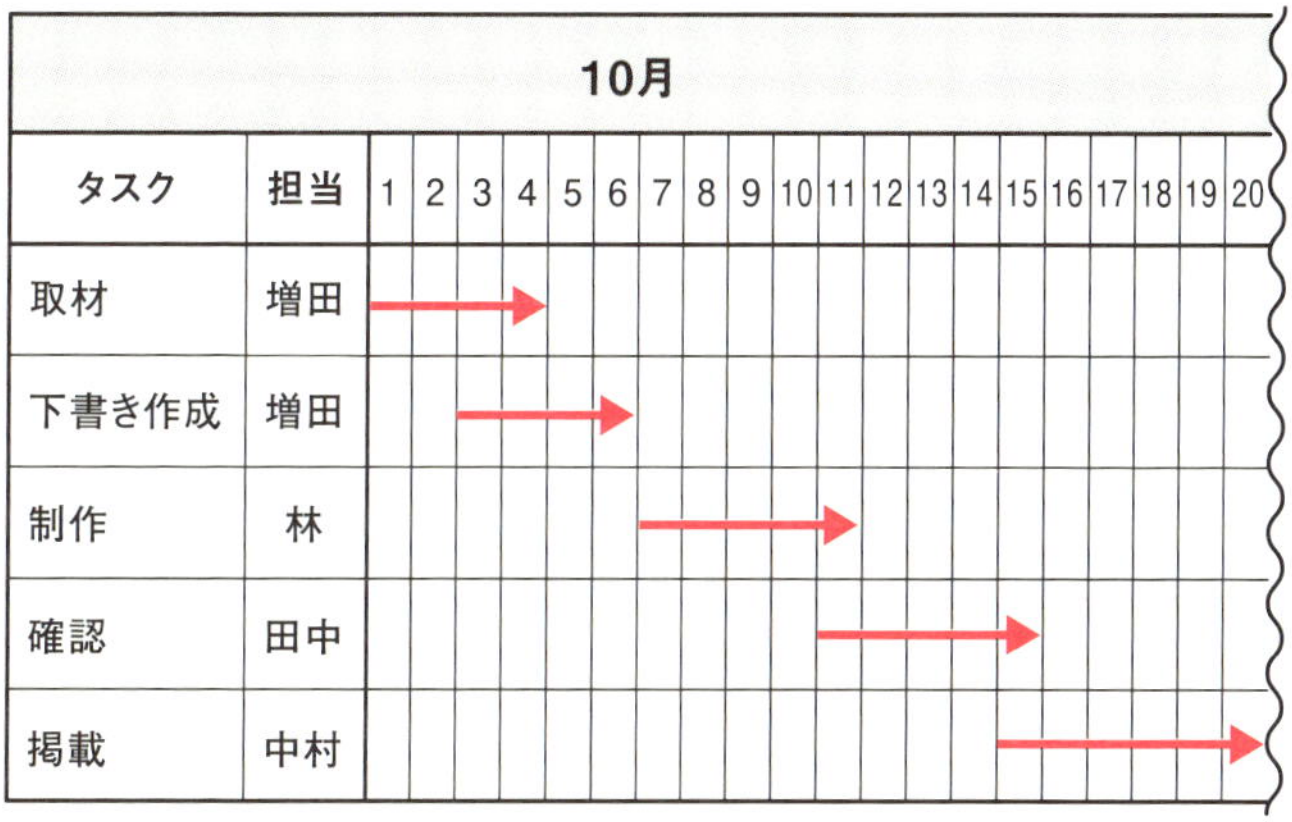
10月
タスク
担当
1 2 3 4 5 6 7 8 9 10 11 12 13 14 15 16 17 18 19 20
取材
増田
下書き作成
増田
制作
林
確認
田中
掲載
中村

他の人の予定も把握しておく

チームで進めるプロジェクトには「ガントチャート」

また、こんなことはないですか？　チームでひとつのプロジェクトを進めていくときに、ひとりの作業が遅れてしまったために、全体の進捗が遅れてしまった。あるいは、同じような仕事をふたりがやってしまっていることに気づかなかった、などのミス。

これは全体できちんと予定を共有していないことが原因です。口頭での確認では、やはり限界があります。

でも、これも簡単に解決できます。複数のメンバーで、役割を決めて、チームで共同作業する場合は、「ガントチャート」を使えば解決します。

ガントチャートとは、131ページの図のようなものです。

このように、「タスク」「担当」「納期」を明確にするものであり、誰が今何をしているか、いつまでに仕上がるかを共有することができます。リフィル（バインダーに挟むもの）でも売っています。

こうすることで、**別の人が同じ作業をすることを防いだり、作業の遅れを全体でチェックできますので、早め早めに対処できます。**

ガントチャートのリフィルがなくても、エクセルでガントチャートのフォーマットを作り、手帳に挟んでおくことでも十分です。

もし複数名でやる作業があれば、ぜひあなたからガントチャートで管理することを提案してみてはいかがでしょう。

これだけで、チーム仕事の行き違い、勘違いは予防できますし、あなたの評価も上がるはずです。

Basic works of scheduling

25

1日の生産性のカギは「朝7時」にある

!

メールチェックでも何でも、
とにかくスタートを切る

起きてから出社前に〝何か〟をするだけでいい

あなたの生活は「朝型」ですか？　それとも「夜型」ですか？

1日の生産性をアップさせたいなら、「朝型」が正解です。

これは、精神論ではなく、日立中央研究所の研究結果でも立証されています。この研究によると、1日に人が使うエネルギーは総量が決まっており、それを分配しているだけだと言うのです。

そして、**いきなりエネルギーが上昇するのではなく、じわじわと上昇し、じわじわと下がっていく**という研究結果です。

出勤時に、ボーッとしてしまうことはありませんか。だとするなら、7時頃に「何か」、たとえばメールでもいいでしょう。とにかくスタートを切ること。それだけで始業時間には頭が冴えわたり、さらには1日の生産性も高くなります。

このように7時に「何か」をしておくだけで、ピークを前倒しにでき、その結果として1日の生産性を高めることができるのです。

実はラッキーなことに、ただ単純に身体を動かせば何でもＯＫ。たとえばメールをチェックすることや、新聞を読む、手帳をチェックする、掃除する……。つまり、何でもいいのです。

それだけで、エネルギーのスイッチが入り、その2～3時間後にはエネルギーを高めておくことができるのです。

ちなみに私は朝6時のメールチェックが習慣です。そうすることで、9時ころにエネルギーをピークに持っていっています。

ぜひ、**朝に何でもいいので動いてみてください。それが1日の生産性を高めるためのあなたのスイッチです。**

多くの手帳は1日のスケジュールの時間軸が8時から始まっています。でも、本当はその前に使える時間があるのです。手帳に入っていない朝の時間も活用しましょう。

朝一の作業で生産性UP

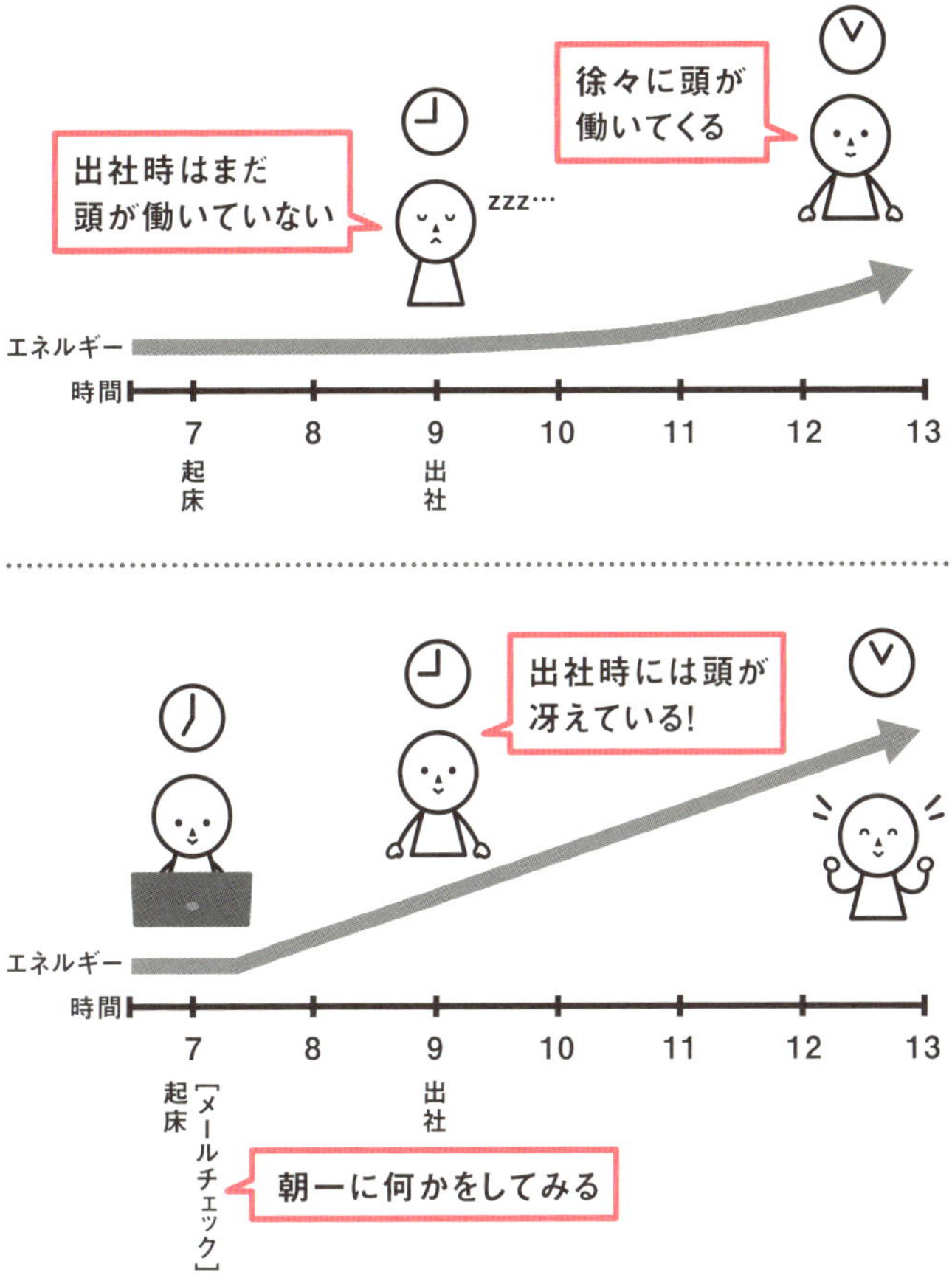
徐々に頭が働いてくる
出社時はまだ頭が働いていない
zzz…
エネルギー
時間
7 8 9 10 11 12 13
起床
出社
出社時には頭が冴えている!
エネルギー
時間
7 8 9 10 11 12 13
起床
出社
[メールチェック]
朝一に何かをしてみる

エネルギーは2〜3時間かけて上がっていく

Basic works of scheduling

26

忙しいときほど、リフレッシュタイムを強引にでも作る

!

心身の管理もプロの大事な仕事

働きづめでは集中力が落ちる

今、うつ病になる人が増えています。

すでに患者数は100万人を超えています。人生において15人にひとりがかかると言われており、もはや誰でもかかりうる身近な病気だと言えます。

その背景には、IT化によって便利になった一方で、ひとり当たりの処理すべき情報量が飛躍的に増えてきていることや、お互いが助け合う職場の人間関係が希薄になってきているといったことが挙げられます。

だとするなら、**われわれは自分のことは自分で守る他はありません。**あえて予定にリラックスできる「休息」も組み込んでおくことがオススメです。

私は心身の管理も、仕事のプロとしての責任だと思います。なぜなら多くの場合、うつ病は予防できることがわかってきているからです。

風邪をひかないように手洗いをするのと同じように、うつ病にならないよう、軽い運動をしたり、リフレッシュの時間を設けたり。そんなふうに、息抜きの予定を組み込んでおけば、ある程度は予防できるのではないかと思っています。

私も周囲から、忙しそうと言われますが、ストレスはうまく予防できています。

たしかに、多いときは週5日から6日は終日にわたって研修の講師として登壇しており、そのスキマの時間や研修終了後にも打ち合わせや商談をしています。また、本の執筆や会社の経営業務をやっているので、実際忙しいほうだと思います。1週間で、福岡、仙台、東京、大阪と出張することもあります。

でも、それほど心身にこたえていません。

なぜならば、どんなに忙しくてもジムに行く時間や、温泉に入る時間、マッサージに行く時間、何もしないカフェでの時間を必ず取るように予定に組んでいるからです。でないと、〝イーッ〟となるに決まっています。だから、そうなる前にリフレッシュします。

もちろん、ノンストップで働くことはできるし、実際にやっていた時期もありました。でも、やればやるほど体が疲れるし、集中力が落ちることを実感しました。

ただ、リフレッシュをすれば、回復します。

レースでデッドヒートを繰り広げるレーサーがピットインする際、こう考えるそうです。ムダなロスタイムではなく、長く走るために必要な時間、と。

私たちのリフレッシュもサボっているのでなく、ピットイン。長く走るために必要な時間。**休息の予定を確保しておくことも、より安全にミスなくするための戦略的な時間活用術**です。

もし「最近なんとなく疲れている」と思うのならなおさらです。休息を取れば、きっとすぐに元通り元気になるはずです。

Basic works of scheduling

27

今日を「忙しい日」から「ワクワクする日」にタイトル変更

!

友人と食事、デート、映画…
何でもいいから入れてみる

仕事帰りに楽しみがあると朝の気分が違う

朝、会社に行く足取りが重い日はないでしょうか。

「あー、今日も忙しいなぁ……」と。

もし、その日に「タイトル」をつけるなら「多忙な1日」かもしれません。どうせなら、これから始まる1日には楽しいタイトルをつけたいものです。

とっておきの方法を紹介しましょう。

1日にひとつ、ワクワクする予定を入れてみることです。そうすることで、その日の「タイトル」が楽しいものに変わります。

たとえば仕事を終えた後、映画を観る予定を入れたとしましょう。すると、その日のタイトルは「忙しい日」から「映画の日」に変わります。

他にも友だちと会う、新しい本を探しに行く、ジムに行く、何でもいいのです。そうするだけで、1日のタイトルが変わり、朝の気分は大きく変わります。

もう少し見てみましょう。たとえば、その日は昼にクレーム対応の予定があったとします。これは憂鬱の極みでしょう。朝から気が重くなって当然です。その日にタイトルをつけるなら「クレーム対応の日」なわけですから。

しかし、仕事が終わってから、学生時代の友だちと久しぶりに会う予定を入れていたとしましょう。頭のなかを占めるクレーム対応の割合は減り、その日のタイトルは「友だちと会う日」に変わります。

私がよくやるのは、仕事帰りに「ジムに行く」と予定に入れることで、今日は「ジムの日」としてしまう方法です。ジムなら帰り道に簡単に行けますので、私にとっては便利なタイトル変更の手段です。

また、**「残業をしない日」にしてしまう方法もオススメです。それだけでもその日の気分が変わるから不思議です。**

ぜひ、あなたにとってワクワクする予定を入れてみてください。何でもOK。そうすることで、あなたの今日の1日のタイトルは変わります。

気分が乗らない予定が入っているなら…

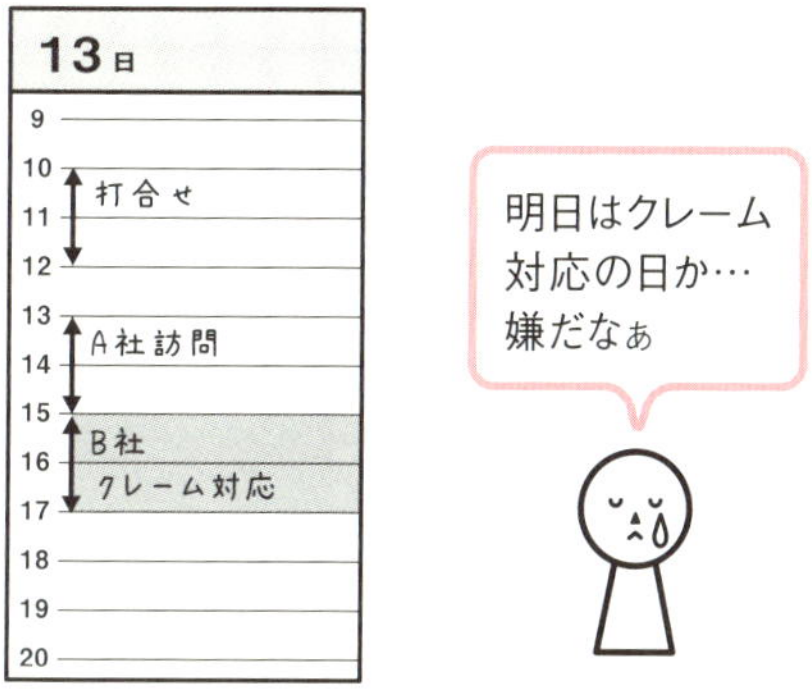
13日
9
10
打合せ
11
12
13
A社訪問
14
15
B社
16
クレーム対応
17
18
19
20
明日はクレーム
対応の日か…
嫌だなぁ

ワクワクする予定を入れると…

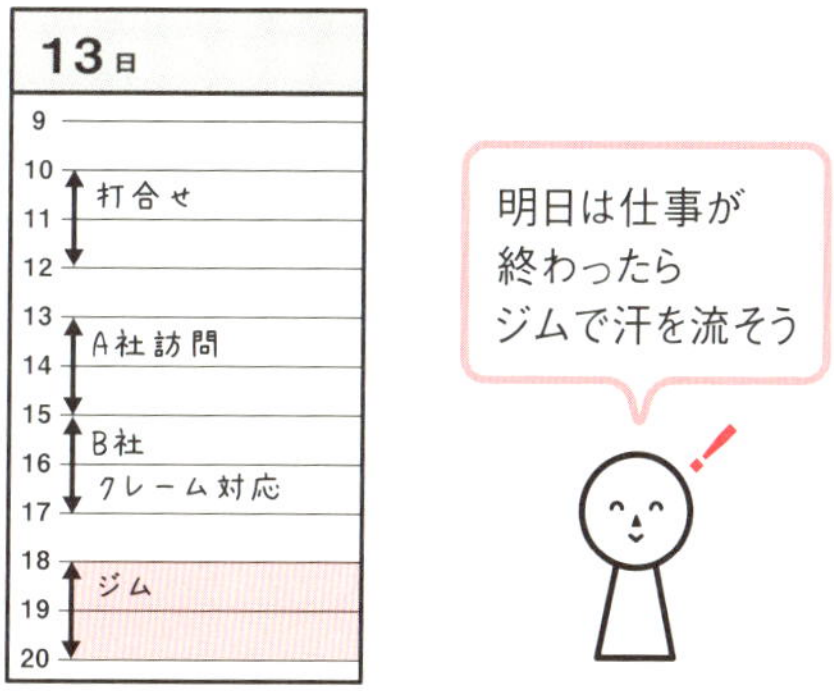
13日
9
10
打合せ
11
12
13
A社訪問
14
15
B社
16
クレーム対応
17
18
ジム
19
20
明日は仕事が
終わったら
ジムで汗を流そう

1日のタイトルが変わってやる気UP!

Basic works of scheduling

28

プライベートの予定は最優先で入れる。そして絶対にずらさない

!

いい仕事をするためには
仕事以外のことも充実させておく

「仕事が落ち着いたら…」ではずっと何もできない

「7月28日（金）から31日（月）、ベトナムに行く」

これは、ある大手企業の最若手幹部の手帳に書かれている予定です。彼は、30代前半でありながら、数百億の事業を担当し、２００人の組織を率いる、いわば多忙を極めるエグゼクティブです。

ベトナムに行く理由を聞くと、新しい刺激を得るため、それだけだと言います。そして、ベトナムに行き、ベトナムで活躍する人達と会い、彼らのエネルギーの高さに、自らの危機感を感じたそうです。

ここで言いたいことは、彼がベトナムで得たこと以上に、なぜ、多忙を極めるエグゼクティブが、平日を使ってベトナムに行けたのか、ということ。

彼は3ヶ月前から予定をしており、周囲にそのことを伝えていました。まさに、先を見越して予定を埋める、その典型的な例です。

つまり、これは大事だなと思ったなら、多少ムリしてでも予定としてロックすることです。

このように実は忙しい人ほど、あらかじめ「プライベート」の時間を予定にすることで、むしろ余裕のある生活をしているのです。旅行の予定だけでなく、恋人とデート、友人たちとキャンプ、家族で外出など何でもＯＫです。

「仕事が一段落したらどこかに行こう」ではなく、先にプライベートの予定を優先的に入れてしまいましょう。


ところで、プライベートを優先する、というと日本では不真面目だと思われるかも、と不安になるかもしれません。

しかしそれは考えが古過ぎます。皆勤賞が偉いのではなく、きちんと結果を出し価値を提供できる人が偉いのです。

私がどんなに忙しくても家族との時間を大事にしたいと考えているのは、「仕事を変えることができても、家族を変えることはできない」つまり、比較にならないレベルのことだと考えるからです。これからの人生、まだまだ長いはずです。何が大事なのかを冷静にとらえておくのも大事だと思います。

どんなに忙しくても、仕事漬けにならないために…

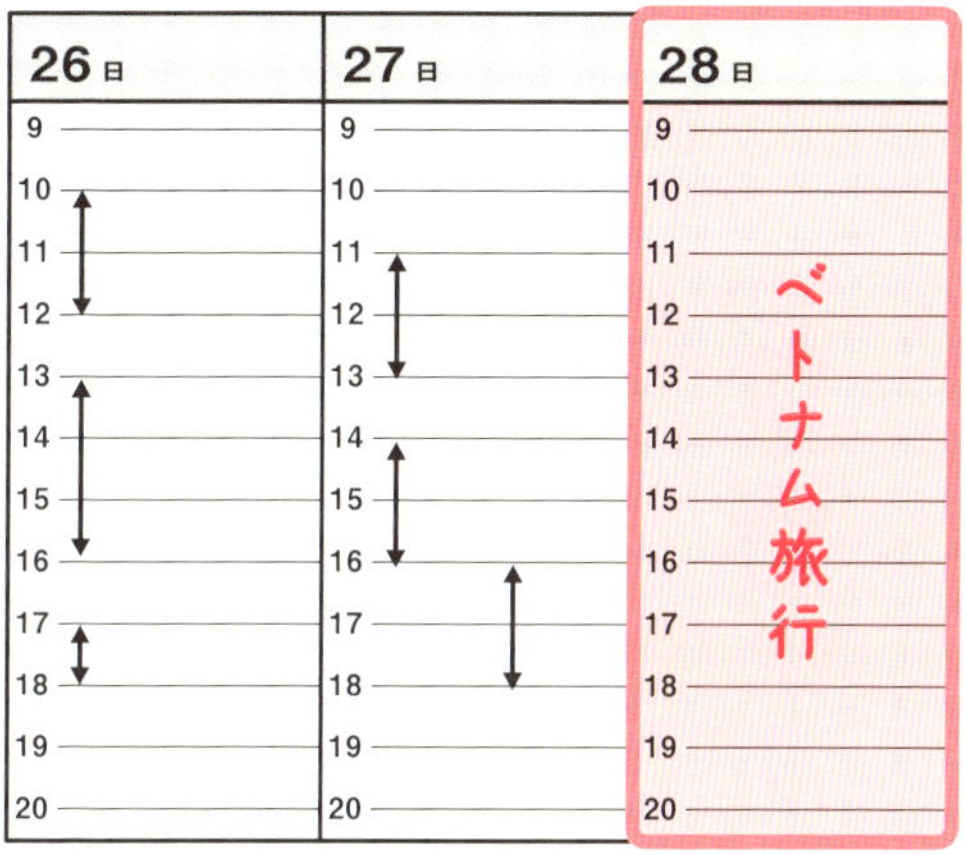
26日
27日
28日
9
10
11
12
13
14
15
16
17
18
19
20
ベトナム旅行

予定をロックしておくと…

ベトナムに行くために、
今一気にがんばろう

プライベートの予定を決めると
集中力が一気に上がる!

Basic works of scheduling

29

その残業、その飲み会は「消費」か「投資」か？

!

使える時間は限られている。
「消費」だけの毎日にならないように

「未来につながるか」を判断基準に

時間には2種類の時間があります。「投資時間」と「消費時間」です。「投資時間」とは、あなたの将来をより良くするための時間のこと。「消費時間」とは、将来に影響することのない時間のこと。

この「投資時間」を増やせば、当然ですが、理想の将来を手に入れやすくなります。しかし、悲しいことに、1日の使える時間は限られているわけです。だからこそ、時間の達人は、「投資」となる時間の割合を高めることに注力します。

たとえば、残業はどうでしょう。多くの場合はどれだけ残業をしても、未来につながるわけではありません。だから「消費時間」です。

一方で専門書を読む、といったことはどうでしょう。これはその本を読めば読むほど、未来に向けての知恵が蓄積されるので、「投資時間」です。

これはどうでしょう。睡眠。これは、健康を維持するための投資にあたります。

では、スマホでSNSをする時間は？　未来につながるなら投資ですが、時間の達人は消費と考えます。

でも、消費が悪いわけではありません。それも必要です。消費を「悪」と考えると、息苦しくて仕方ありません。**肝心なことは節度。それが「消費」だとわかっておくだけで、節度を持てるようになる**わけです。

さて、あなたは時間には「消費」と「投資」があることを知りました。これからのあなたは、きっとこう考えるようになるでしょう。

「果たして、この二次会、三次会は消費か、それとも投資か？」

さらに消費だと判断するなら、「今日は早めに切り上げ、家族と会話しよう」と。

ちなみに私が二次会に出るかどうかを決めるポイントは、「その場に私が必要なのかどうか」です。必要ではなさそうなら、失礼のない範囲で幹事にひとこと言って帰りますが、必要だなと思ったら迷わず参加するようにしています。これも私にとっては大事な「投資」時間。ぜひ自分なりの判断基準を持つことをオススメします。

「投資か消費か」の判断は、もちろん人によって基準が違います。だからこそ、人生それぞれ。自分なりの基準で判断すれば、あなたが描く人生を手に入れられることでしょう。

1日に使える時間は限られている!

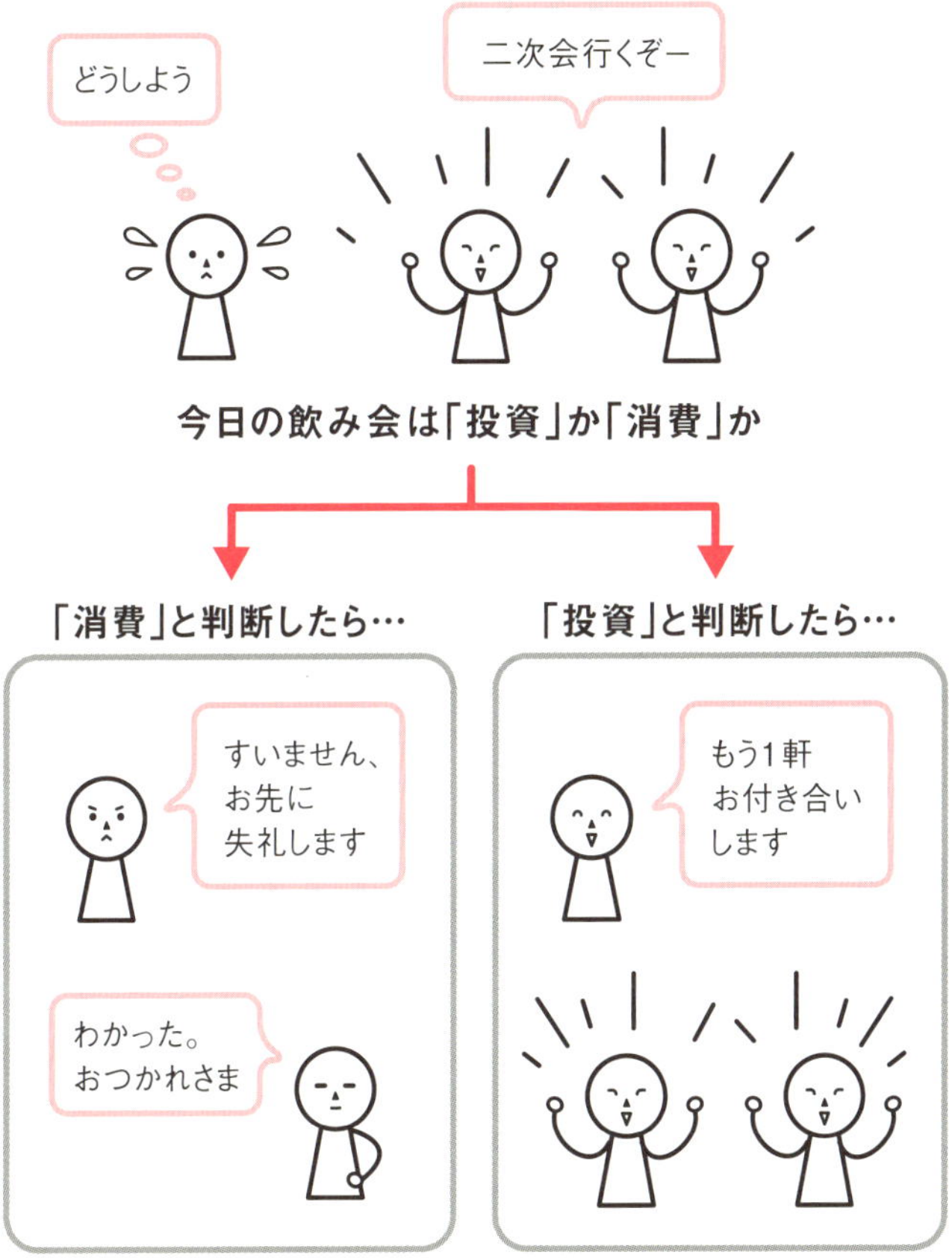
どうしよう
二次会行くぞー
今日の飲み会は「投資」か「消費」か
「消費」と判断したら…
すいません、
お先に
失礼します
わかった。
おつかれさま
「投資」と判断したら…
もう1軒
お付き合い
します

自分なりの判断基準を持つことが重要

Basic works of scheduling

30

1週間に数時間は「自己投資」にあてる

!

未来につながることを予定に入れると、
モチベーションが上がる

追われる日々を変えた、英会話スクール

「このまま、こんなことをしていていいのだろうか」

日々の業務に追われると、どうしても将来の不安がよぎります。でも、そんな不安こそ、手帳をうまく使えば解消できます。

あらかじめ、自分の未来に向けての「投資の時間」を優先して確保する、これだけで不安は随分と解消できます。


私も例外ではなかったので、そのリアルな例として紹介します。

私の社会人のスタートは求人広告の営業でした。毎日30軒の会社に飛び込み営業をかける、なかなかハードな仕事です。

今のリクルートは上場企業として、離職も少ない会社ですが、90年代はまだ過渡期だったため環境が十分に整っておらず、同期入社の仲間がしだいに減り、2年後には半分が辞め、8年が経過すると数えるほどになっていました。

当時はいくら将来を見通そうと頑張っても、飛び込み営業をしている自分の姿以外

は想像がつかないわけですから、当然といえば当然です。またひとり、またひとりとやめていくなかで手帳を見て、ふとひとつのことに気づきました。

たしかに一生懸命、遅くまで残業はしていました。訪問企業のリストアップ、営業ツールの作成、訪問活動……。それは仕事として必要ではあるものの、自分の未来をたしかなものにするには、絶対に〝何か〟が足りないと気づいたのです。その〝何か〟とは何か。それこそが、未来に向けた投資にあてる時間だったのです。

私はひとつの勘違いをしていました。目の前の仕事を一生懸命にやっていれば、自ずと目の前に、「あなたの未来はたしかなものになる」と誰か（あるいは何か）が言ってくれるのでは、と思っていたのです。

学生のときは、先生が君なら大丈夫だ、と言ってくれましたし、模試を受ければ、この学校なら大丈夫だ、と郵送されてくる結果用紙が言ってくれました。

でも、社会人はそうではありません。誰も何も言ってくれません。

そのことに気づいた私は、手帳にこう書きました。「英会話の学校に申し込む」と。英語を使う仕事ではありませんでしたが、やはり英語くらいはできないと、というそ

与えられた仕事をこなすだけの毎日・・・

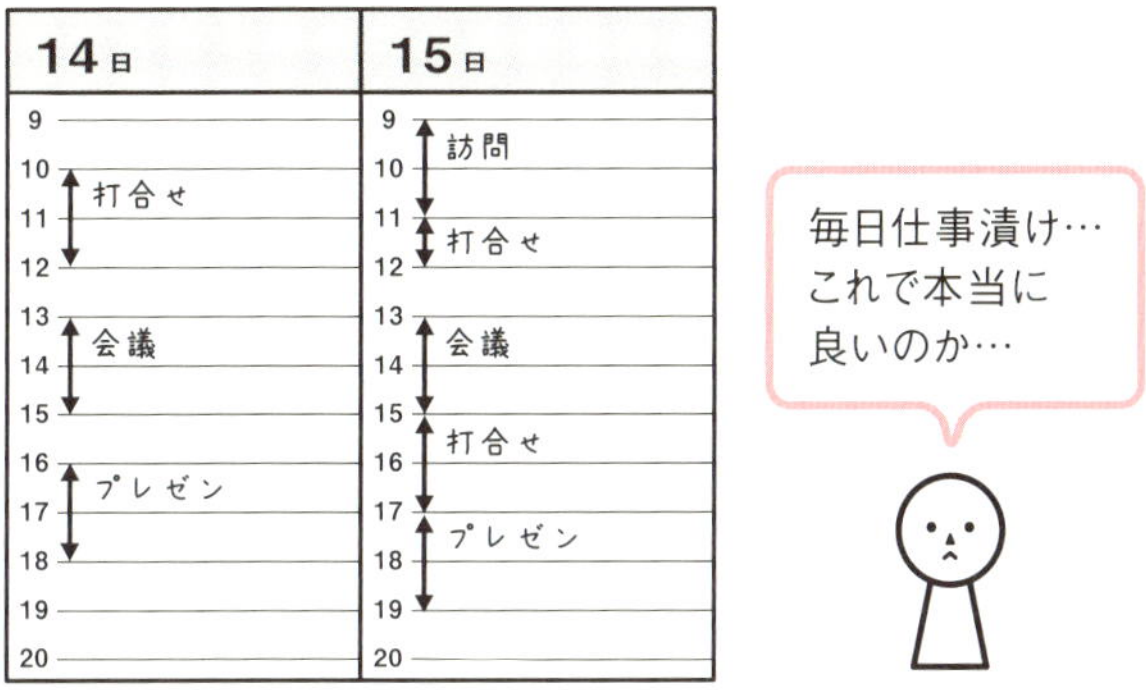
14日
9
10
打合せ
11
12
13
会議
14
15
16
プレゼン
17
18
19
20
15日
9
訪問
10
11
打合せ
12
13
会議
14
15
打合せ
16
17
プレゼン
18
19
20
毎日仕事漬け…
これで本当に
良いのか…

思い立ったら吉日

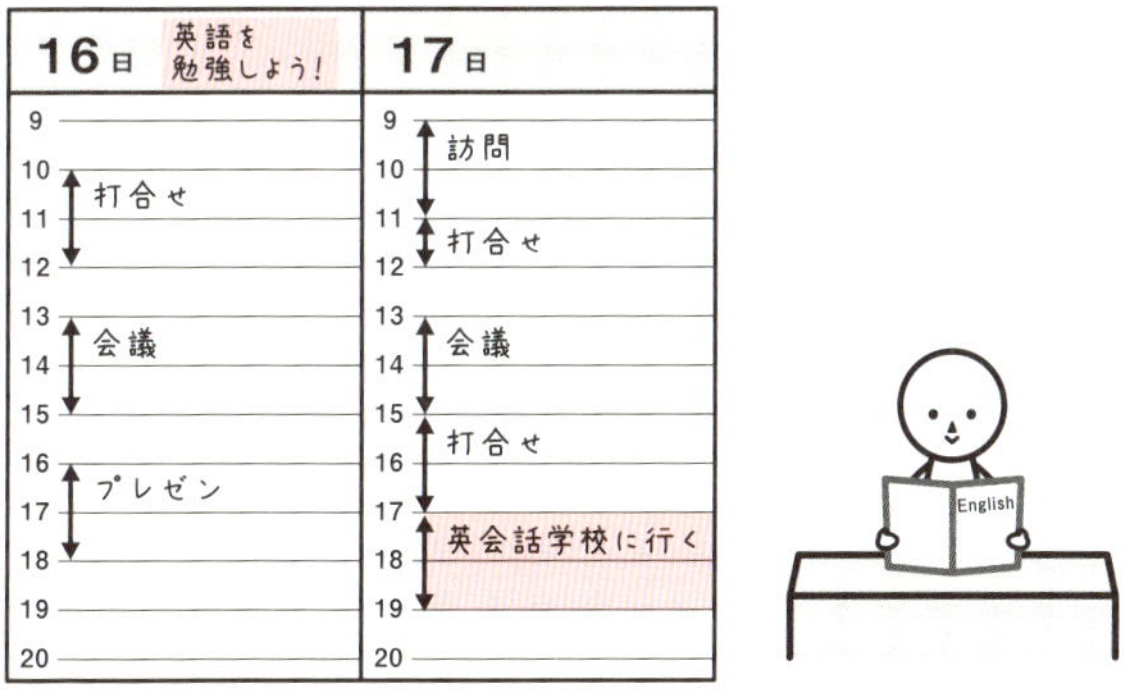
16日
英語を
勉強しよう!
9
10
打合せ
11
12
13
会議
14
15
16
プレゼン
17
18
19
20
17日
9
訪問
10
11
打合せ
12
13
会議
14
15
打合せ
16
17
英会話学校に行く
18
19
20
English

未来につながる予定を作ろう!

れくらいの軽い気持ちでした。

すると、通いながら不思議な感覚を得たのです。不安が、スーッとなくなったのです。

未来への投資時間を確保すれば、今の仕事を別の角度から見られるようになります し、また、同時に「憧れの自分」に少しずつ近づいている感覚を持てるようにもなります。

忙しいからできない、は禁句です。時間はあるものではなく、「確保」するもの。この「投資の時間」を確保することが、今の不安を軽くしてくれます。

思い立ったら即手帳に書き出す。そして即行動

アメリカにケビン・ホーガンという、成功者の共通点を研究した人がいます。彼は、『フォーチュン』誌上で全米トップ500に数えられる優良企業のビジネスマンたちに共通する話し方や、説得の心理戦に勝ち抜くスキルを指導している権威です。

彼の研究によると、「希望」は頭で思い描くだけではなく、あえて紙に書く(アウ

トプットする）ことで、確実に実現の可能性が高まる、というのです。

彼の研究はこうでした。

ハーバード大学の学生を対象に10年にわたり追跡調査をしたところ、**自分の人生の目標を紙に書き出していた卒業生（わずか3%）のほうが、圧倒的な収入を得るようになったというのです**（残り97%の人たちの収入すべてを合わせても及ばないほどに）。

これは、心理学でいうところの「思考の外在化」というもので、書くことによって、頭の中でぼんやりと考えていることが、より鮮明になるというものです。

「英語を上手く話せるようになりたい」といった例で考えてみましょう。

まず、手帳に書くことからスタートです。余白でもいいので、書き留めておきます。

「英会話学校に行く」と。

そして、その通りに行動をします。すると、明日の19時には英会話学校に入会している、ということになります。この時点で昨日と生活のステージがひとつ変わっているのです。

この一歩を踏み出すいわゆる〝踏み出し力の強い人〟が、生活のステージをアップさせ、「希望」を確実に実現させているのです。

いかがでしょう。

ポイントは、自己投資の時間を持つことで未来への希望が近づき、不安はなくなる、ということ。また、**手帳に書けば漠然としていた「希望」が「計画」となり、その手帳に書かれた「計画」に従うことで、自分の人生を確実に速く好転させることができる**、ということです。

希望通りの人生を得るための一番の鍵。それは、学歴や能力、家庭環境ではなく、踏み出す力の強さなのです。

第5章

手帳を
メモ用ノートとしても
使い倒す

Basic works of scheduling

Basic works of scheduling

31

手帳に挟んでおくべき必須のツール

!

「手帳さえ持ち歩けば大丈夫」にしてしまう

TODOリストや打ち合わせ資料の他に切手も

実は、仕事ができる人に多いのが、切手を手帳に挟むことです。メールの時代なのに、なぜだと思いますか？　メールを送ることがかえって失礼になることがあるからです。これをわかっている人は案外少ない。

たとえば、挨拶の時間をいただいた後のお礼。相手が若い方であれば、メールでも十分です。

しかし、相手が多忙な役職者だとしたらどうでしょう。

「返信しなくては……。でも、面倒だな……」

忙しい彼らにしてみればそれも心理的な負担となるわけです。

仕事ができる人はこのことを知っているので、返信のいらない手紙でのお礼状となるわけです。

便箋でなくとも、ハガキでも大丈夫。ただ、官製ハガキはNGです。あたたかみが足りません。和紙でできたハガキ等、ちょっと上品で温かみのあるハガキを選ぶべきです。

さて、もう切手が必要なわけが、おわかりいただけたと思います。82円切手、52円切手、10円切手を数枚入れておけば外出のスキマ時間でできます。

ハガキなら数行のことです。駅のホームで2～3分あれば書けますし、歩いているとポストが思った以上に多いことに気づくものです。

ビジネスの基本は、相手を思う気持ちです。あまりに**自分の効率を追求しすぎて、相手の事情を忘れてはなりません。**

他に挟むべきものとしては、TODOリスト、近々使うであろう打ち合わせ資料等がいいでしょう。これは探す手間をなくすためです。手帳で行動を完結（ワンストップ化）させることで、探す煩わしさをなくします。

このように手帳は書くだけでなく、挟むこともできますので、大事なものを入れておく「もうひとつのポケット」の役割を果たしてくれます。ぜひ、活用してみてください。

手帳は「もうひとつのポケット」にも

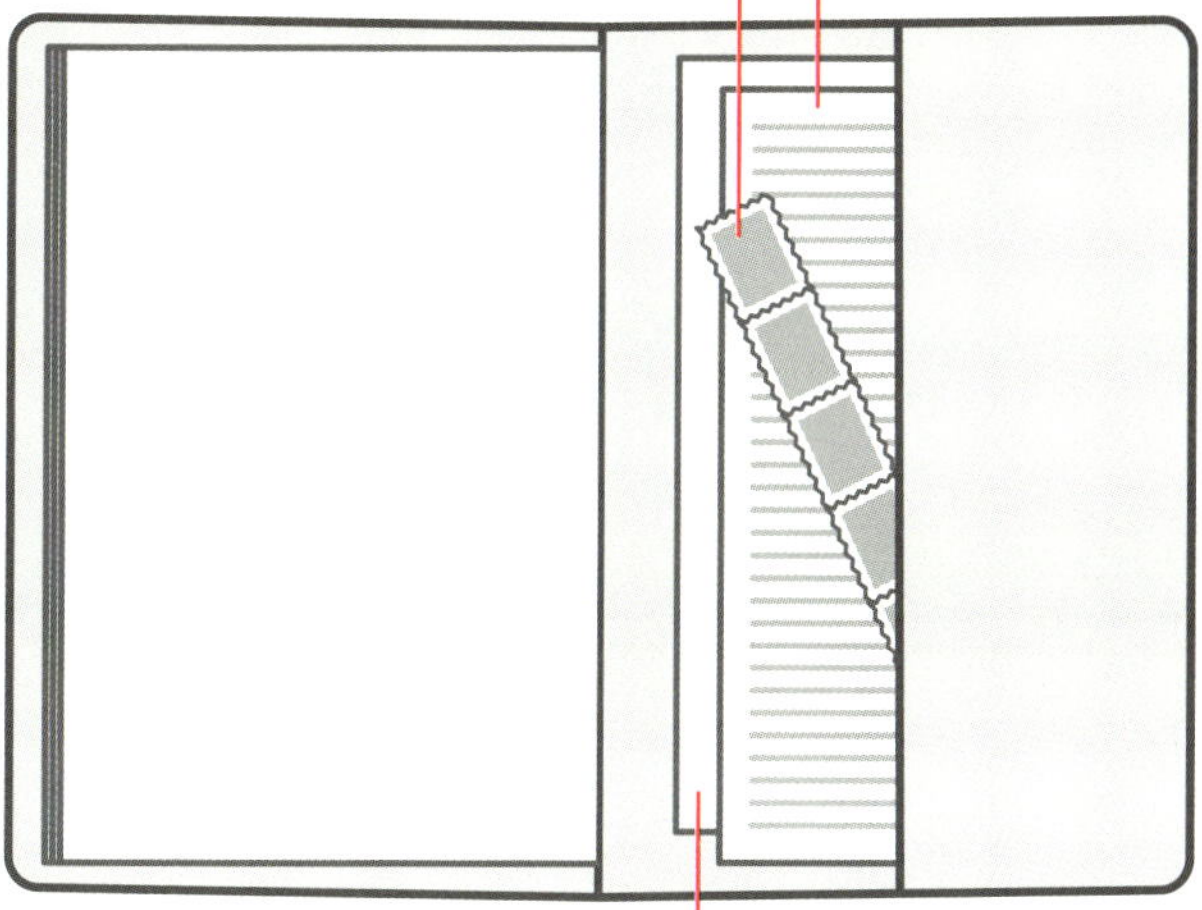

よく使うものは手帳に挟んでおく

Basic works of scheduling

32

あらゆるメモは手帳1冊に集約する

!

殴り書きでもいいので、
どんなことでもメモしておく

自分の記憶力をあてにしない

そのときは、「これは重要なことだ。この私が忘れるはずはない」と思っていたことを、スコーンと忘れてしまうことはないですか。複数の仕事をしているときほど、忘れてしまうものです。

さて白状すると、私は記憶力が悪いほうで、名前を覚えるのも苦手だし、昨日食べたものすら考えないと出てこない。ホント、自分でも大丈夫か、と思うほど。

ただ、仕事となると話は別。執筆、研修、講演、商談……。おおむね、常に20個くらいの仕事が同時並行で走っているのですが、言ったことは忘れないし、先の見通しも万全です。相手が忘れていることも覚えています。

種明かしをしましょう。何でもかんでも手帳に書く。それだけです。格好良く言えば、手帳に記憶をアウトソースしている。

これだけでも、会話で出た数字をミリ単位、分単位で覚えています。誰が何を言ったのかも記録しているので、後で相手が違うことを言った場合でも、訂正することができます。

「では、来月の中頃までには、よろしくお願いします」

「2ヶ月前のミーティングでは、今月中とおっしゃっていましたが、大丈夫ですか?」

これも、手帳にメモをしていただけのこと。記憶力がいいのではありません。会議などで、メモを取っていない人を見ると、ちょっとマズイな、と思います。本当に記憶なんてアテになりません。エビングハウスの忘却曲線を胸に刻んでおくといいでしょう。これはドイツの心理学者エビングハウスが発見した論理で、人間は記憶したことを20分後に42%、1時間後に56%、1日後に74%、1週間後には77%忘れてしまうというのです。

いじわるな質問をしましょう。この本の第1章のテーマを覚えていますか? もちろん、著者としては覚えていてほしいのですが、意外と覚えていないもの。それが脳の限界なのです。まず、記憶力をあてにしないことです。

複数の仕事を動かす際は、小さなことこそ、覚えておかねばなりません。どんなことでもメモをとっておきましょう。**どこに書いたかを忘れないよう書く場所を決めておけば、殴り書きでも大丈夫。とにかく記憶には頼らないこと**です。

たいていのことは忘れてしまうもの

■エビングハウスの忘却曲線

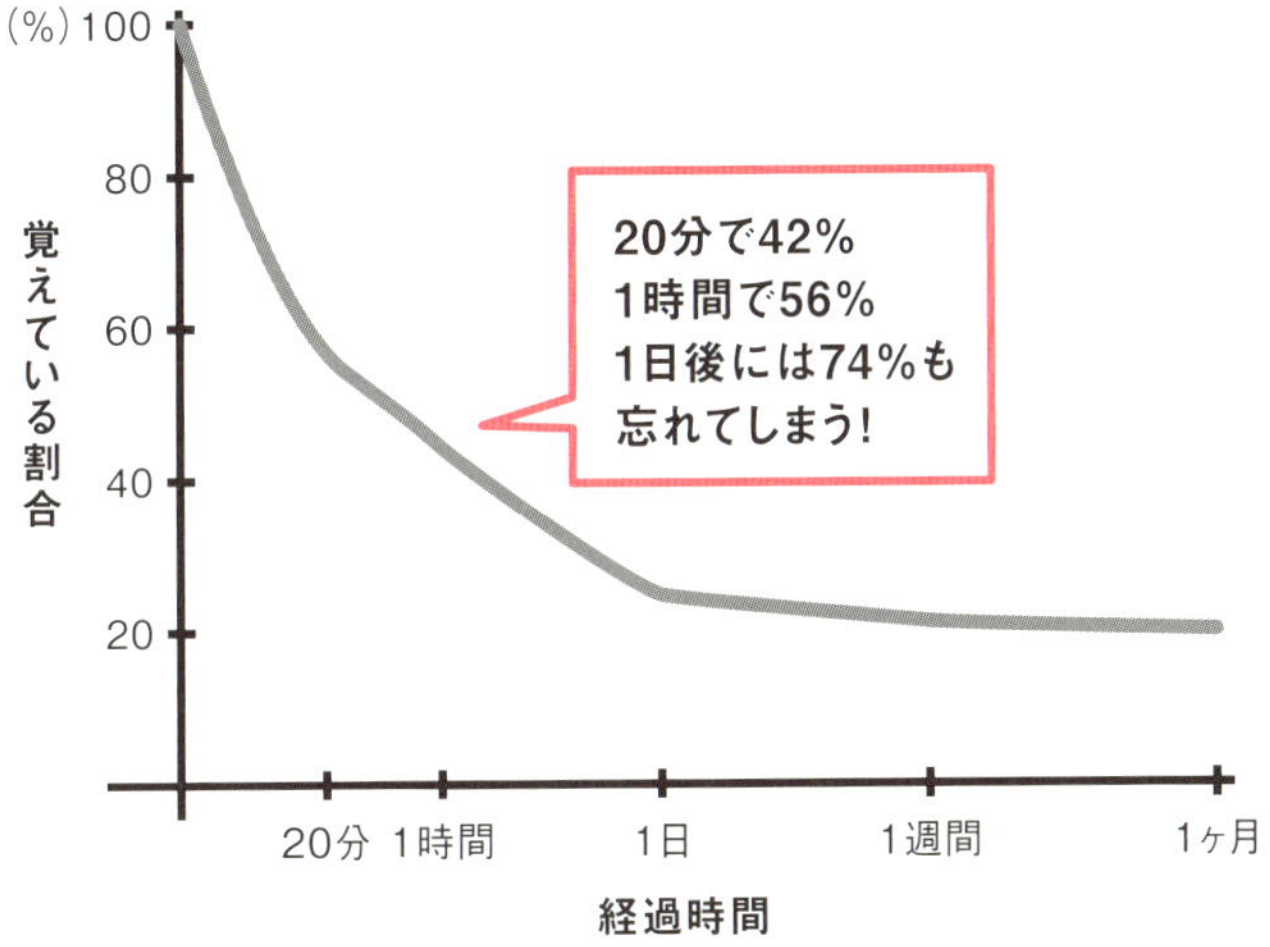
(%) 100
80
60
40
20
覚えている割合
20分で42%
1時間で56%
1日後には74%も
忘れてしまう!
20分
1時間
1日
1週間
1ヶ月
経過時間

来月また
メールしますね
2ヶ月後までに
決めておきます

"記憶"に頼らず、"記録"に頼る

Basic works of scheduling

33

何気ないひと言をメモして「よく覚えているね」を狙う

!

小さなことほど大事にする人が
信頼を勝ち取る

お客様の子の誕生日を書きとめる

「また、来月の中頃にメールをしますね」

と言う人は多いですが、本当にメールをする人は少ないものです。

これはそのときにはそう思っているのですが、時間の経過とともに優先順位が変わってしまうため、なおざりになるのです。

しかし、信頼を大事にする人は、より誠実であろうとします。ゆえに、「小さな約束であっても、必ず守ろう」と強く意識しています。

昔、田中角栄という総理大臣がいました。きっと聞いたことはあると思います。

彼は小学校しか出ていませんでしたが、圧倒的な人望で周囲を味方につけ、総理大臣になった人でした。

彼の有名なエピソードがあります。彼は、職員の経歴にとどまらず、結婚記念日まですべてが頭に入り、廊下ですれ違うときに、「今度結婚記念日だろう。奥さんとうちに遊びに来なさい」などと声をかけたりするのです。そして、実際に遊びにいくと歓待してもらえたそうです。

また、地元新潟の支援者のおじいさん、おばあさんの氏名も一度耳にすれば、3年後に出くわしても、フルネームで声を掛けることができたとも言います。

そうなると、「あの人は私たちのことを大事に思ってくれている」となるわけです。彼が選挙で常に圧倒的な票を出し続けた要因のひとつが、「小さなこと」を忘れずに覚えていたことで、人望を集めていたことだったのは間違いありません。

もちろん、それは彼の非凡なる記憶力があったからのことですが、そこまでの記憶力がなくとも、我々は手帳を使うことで田中角栄氏並の記憶を身につけることができます。

「来月の中頃にメールしますね」と言えば、その場で翌月の中旬の予定に組み込む。「息子さんの誕生日が7月25日」と相手から聞けば、手帳にそのことを書きとめ、次に会った際に「明日は息子さんのお誕生日ですよね」などとひと声かける。

相手以上にささいなことを覚えている。これが大人の信用を勝ち取る第一歩なのです。

普通は聞き流してしまうようなことでも…

実は来月
息子の誕生日でね
そうなんですか
楽しみですね
メモメモ…

翌月…

明日はお子さんの
誕生日ですね
おめでとうございます
覚えていて
くれたんだ!

ささいなことまで覚えていると、
信頼される人になる!

Basic works of scheduling

34

打ち合わせのメモは写メで送ってデジタル管理が便利

!

話をしているときは、相手の目を見てしっかりと聞くほうが大事

件名を工夫して検索しやすくする

もし紙に書くより、タブレットやスマホ、ＰＣに打ち込んだほうが速いという人は無視してください。ただ、私が会議や商談で見ている限りでは、タブレットやスマホのほうが遅い人が圧倒的に多いのが現状です。実は、そういう私もそのひとり。だとするなら、会議や打ち合わせでは、手で書くべきです。

オススメは、「紙に書いたページを写真保存する」方法です。

これには、少し説明が必要でしょう。

私もＰＣやタブレットにメモをしながら打ち合わせをしていたこともあったのですが、ひとつのことに気づきました。切れ味のいい質問ができないのです。

その理由はシンプル。意識が分散されてしまうからです。

手で文字を書く際は、まったく無意識にできるので、意識のすべてを相手の表情や相手のしぐさ、言葉と言葉に間にある微妙なニュアンスに向けながらも、次の質問を考えるという複雑なことを瞬時にしています。

しかし、キーボードで文字を入力するとなると、そうはいきません。何割かは文字を打ち込むことに意識を奪われます。

特に日本語は、どうしても漢字変換、カタカナ変換がありますので、英語のように〝タタタタタタタ………〟とはスムーズにはいかないのです。タタタタ、タンタン（変換）、タタタタタタ、タンタンタン……タン（変換）、タタタタタタ〟。

こうなると、あまり気にしていなくても、意識が分散してしまいます。

私が実践している方法を紹介します。

① まず、メモは手帳に書く（何よりも会話に集中する）
② 打ち合わせ終了時にメモを写真で撮影し、そのデータをGメールで自分に送る
③ そのときの件名を「＊＊＊の件」などとしておき、検索をかけやすくしておく

もちろん、Gメールでなくとも、アウトルックや会社のメール、もしくはクラウドストレージを利用しても問題ありません。いずれも同じことが簡単にできます。

話す相手の目を見て、しっかりと話を聞く。これはビジネスのとても大事な基本です。入力に集中し過ぎると、信用を失いかねません。ぜひ注意したいところです。

メモはPCやスマホではなく、紙に書く

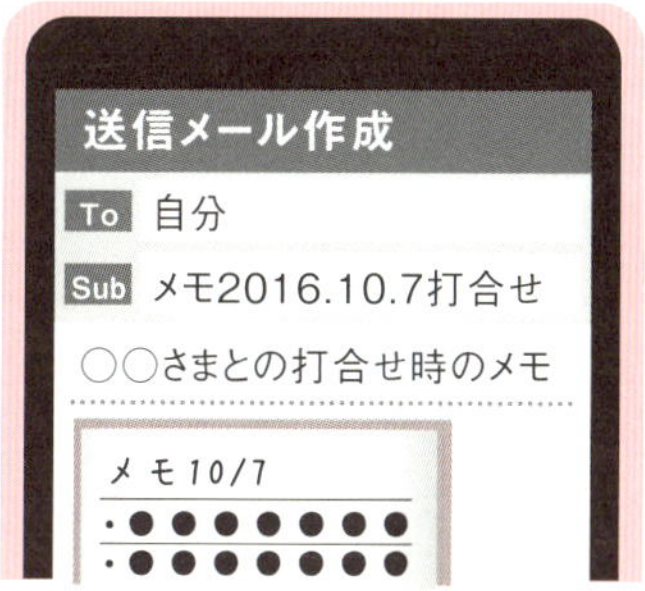
送信メール作成
To 自分
Sub メモ2016.10.7打合せ
○○さまとの打合せ時のメモ
メモ 10/7

紙のメモを写真に撮って自分宛にメールで送信

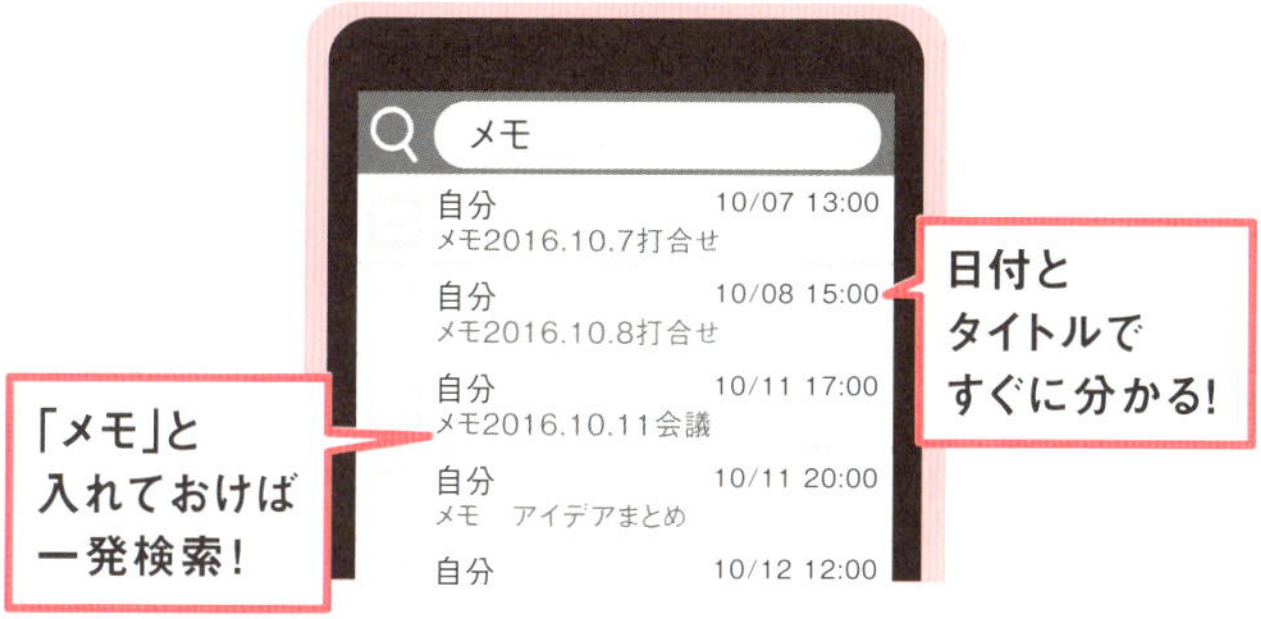
メモ
自分 10/07 13:00
メモ2016.10.7打合せ
自分 10/08 15:00
メモ2016.10.8打合せ
自分 10/11 17:00
メモ2016.10.11会議
自分 10/11 20:00
メモ　アイデアまとめ
自分 10/12 12:00
「メモ」と入れておけば一発検索!
日付とタイトルですぐに分かる!

検索もできて管理がラクに!

Basic works of scheduling

35

移動中は考えを書き出して、整理するのに最高の時間

!

会社から離れて、
雑念のない状態になれる

スマホの代わりにペンを動かしてじっくりと

あなたは、電車での移動時間をどんなことに使っていますか。座れるときはPC作業をするなど、できることはたくさんありますが、座れなかったときはスマホではなく、手帳を手に持つことをオススメします。考える時間にあててほしいのです。

まずひとつは、「アイデアを考える」時間。

机の前では、なかなかアイデアは出てきません。昔からアイデアは、風呂・トイレ・寝る前・馬上（移動中）に浮かぶと言われます。これは、リラックスしている時ほど、いいアイデアが浮かびやすいために言われています。

つまりは、**電車やバスで移動する時、脳が休憩しているため、問題や課題に対して潜在意識が働き、よりクリエイティブに対処できる**わけです。

たとえば、お客様への提案内容もいいでしょうし、効果的なコピーやキャッチフレーズを考えるのもいいでしょう。場合によっては、5日分の仕事を3日で済ませる方法や、より充実した1年を送る方法など、いつもの常識と離れたことを考えるのもいいでしょう。

そして、アイデアは浮かんでは霧のように消えていくので、必ず書きとめておくこと。手帳のノートページを使って書きとめておいてください。

もうひとつは、今の「忙しさ」を整理する時間にあてることもできます。

何が何だかわからないけど、忙しいということがあるなら、整理をする絶好のタイミングです。事実を確認しておかねばなりません。

まず、手帳を取り出し、そもそもムダなことをやっていないか？　やるべきことであったとしても、当初にイメージしていた所要時間より長くなっていないか？　だとするなら、どんな対処を今から講じるべきか？……といったことを考えます。

もちろん、1週間ごとに振り返りの機会を設けるのは基本ですが、できるときにやっておくというのが賢い選択です。ぜひ、忙しいときこそ移動時間を使って、整理をしてみてください。

移動時間にスマホを我慢し、代わりに手帳を取り出し、じっくりと考える時間にあてることで、結果的にデスクの上でする残務を減らすことに大きく寄与します。

業務から離れた瞬間はチャンス!

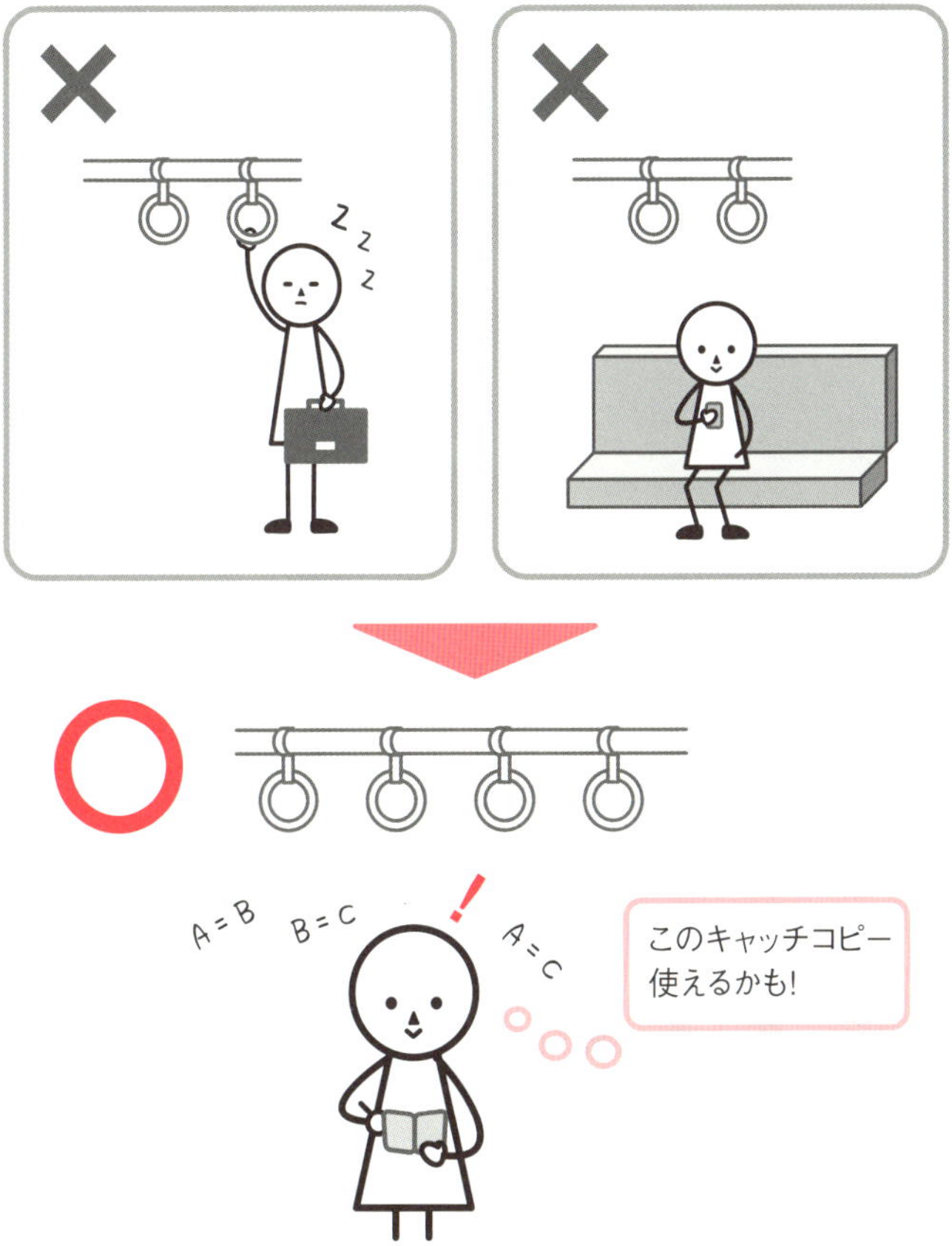
A=B
B=C
A=C
このキャッチコピー
使えるかも!

移動時間はシンキングタイム

Basic works of scheduling

36

フリースペースをひとりブレストに使う

!

思うだけでなく書くことで
アイデアは広がる

浮かんだアイデアを掛け合わせてみる

あなたは次々とアイデアが浮かぶほうですか？　もし、そうではないとしても安心を。ある方法を使えば、アイデアを無尽蔵に生み出すことができるからです。

アイデアマンになるために、特殊な能力はまったくいりません。ある発想とは、「アレ、いいね。掛け合わせたら、どうなるだろう」と〝掛け合わせ〟を考えることです。

アイデアの権威ジェームス・W・ヤング氏は著書『アイデアのつくり方』のなかで、こう言っています。

「アイデアは古い要素の新しい組み合わせであり、それ以上でもそれ以下でもない」と。

また、希代のアイデアマンと言われた故スティーブ・ジョブズも、こう言っています。「優れた芸術家はまねをし、偉大な芸術家は盗む、とピカソは言った。だから、すごいと思ってきた様々なアイデアをいつも盗んできた」と。

かなり直接的な表現ですが、たしかに、ｉＰｈｏｎｅ、ｉＰａｄ、またそのなかのアプリのアイコンの〝角〟がない四角いデザインは、スティーブ・ジョブズが、日本でたまたま見た陶器の形からインスパイアされたものだと言われています。

話が長くなりました。だから、こうしてみてください。

アイデアが必要なとき、手帳のフリースペースを使って、「いいじゃんアレ」と思うことを書いてみて、それを掛け合わせるとどんなことができるか、と考えてみてください。

たとえば、あなたが飲食店に勤めていたとしましょう。パートの募集をしてもなかなか応募がない状況です。アピールできることがないことに悩むあなたは、手帳のフリースペースに書きためていた「アレ、いいな」のなかから「料理教室が活況」をピックアップします。

そして「パート募集」とそれを掛け合わせます。すると、こうなりました。

「調理長の『料理教室付きパート』の募集！」と。料理教室といっても、投資はゼロ。まかない（従業員用の食事）を調理する時間を「料理教室」にしてしまう方法です。

ただ掛け合わせただけのアイデアですが、これは主婦（主夫）にウケること間違いなしでしょう。たくさんの応募がありそうです。

さて、結論です。

「アレ、いいじゃん」と思ったことは日常的に手帳に書き込む習慣をつけましょう。

そして、アイデアがほしいときは「掛け合わせると何ができるか」という視点で、良さそうなものを検討する。

その瞬間に、あなたにはスティーブ・ジョブズのようなアイデアマンの発想法が手に入ります。

Basic works of scheduling

37

企画書はいきなり書かない。まずはメモでまとめる

!

いきなりパワポ入力は禁止。
手書きで構成を考えてから

スキマ時間を使って下書きしておく

企画書を書くときに、いきなりパワーポイントに入力し始めると失敗します。言いたいことのポイントがボヤけてしまったり、その提案の根拠が抜けてしまう、ということが起こりやすいのです。そうなると、やり直さざるを得ません。

まず、企画書の作成に入る前にはやるべきことがあります。企画書の「構成」を考えることです。これをやっておかないと、流れが不十分になります。

だからと言って、デスクの前で考えるのは時間がもったいない。私のオススメは、移動時間等、スキマ時間を使って、あらかじめ手帳のフリースペースに、企画書の構成を書いておくことです。あとは、企画書の基本構成に従って入力すれば、ラクに作成ができます。企画書の基本構成を確認しておきましょう。

「表紙（タイトル）」
「はじめに」
「企画の目的」
「事実（問題）、課題」

「具体策」（提案する商品、時期、料金等）

これが基本の構成。次の図をご覧ください。これが実際の「構成」の下書きです。

こうしておくことで、パワーポイントの前で考え込むという時間はなくなりますし、また、途中でやり直すこともなくなります。

まとめましょう。

企画書を書く際は、よほどの達人でない限り、いきなりパワーポイントに入力してはいけません。移動時間などのスキマ時間に、下書きを作成しておくことがやり直しを防ぐ鉄則です。

面倒だと思っても、構成を考えてからスタートしたほうが、企画書は早く仕上がるのです。

手書きでサッと書いておく!

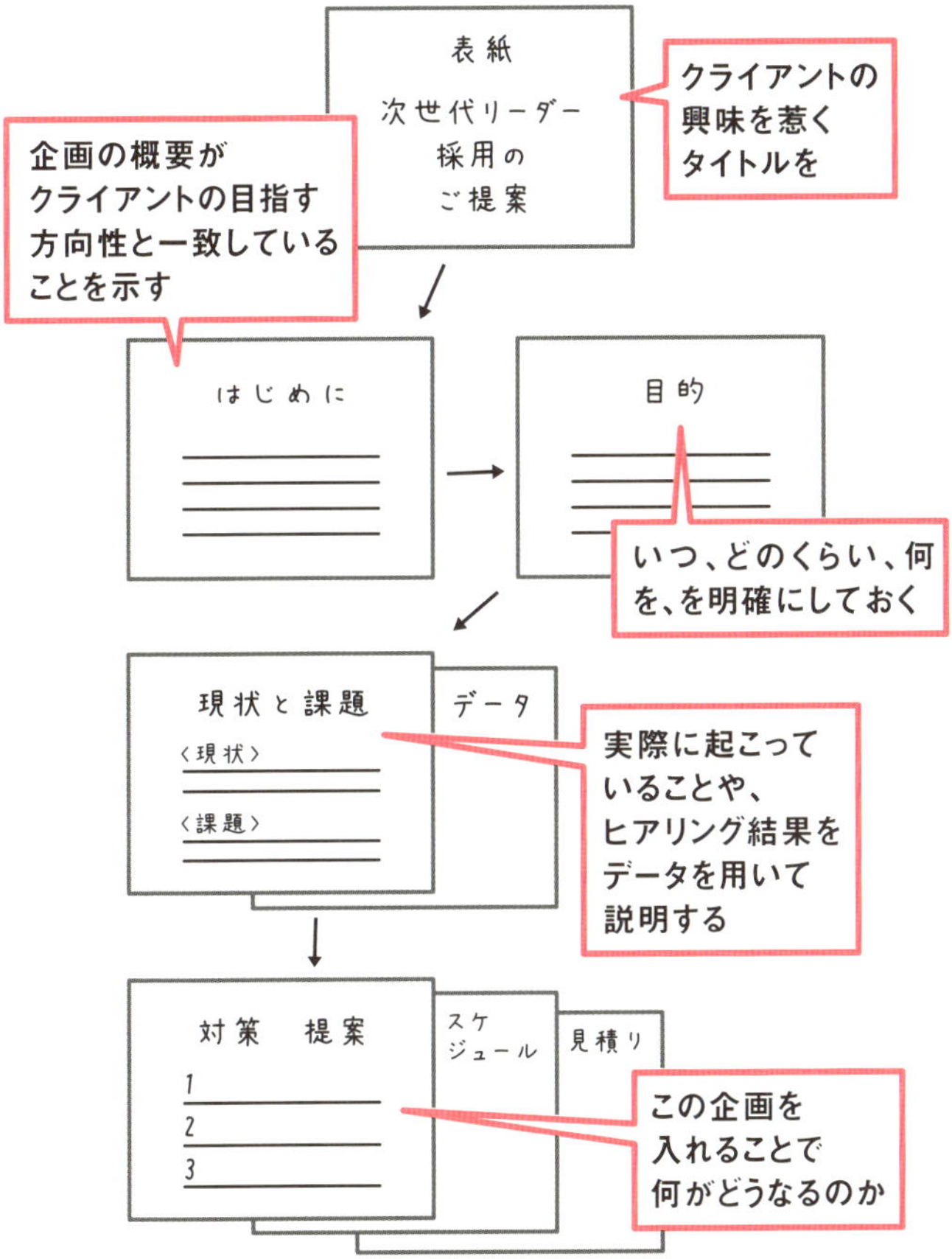
表紙
次世代リーダー採用のご提案
クライアントの興味を惹くタイトルを
企画の概要がクライアントの目指す方向性と一致していることを示す
はじめに
目的
いつ、どのくらい、何を、を明確にしておく
現状と課題
〈現状〉
〈課題〉
データ
実際に起こっていることや、ヒアリング結果をデータを用いて説明する
対策　提案
1
2
3
スケジュール
見積り
この企画を入れることで何がどうなるのか

デスクではなく、スキマ時間にやる

Basic works of scheduling

38

悩みや愚痴も何でも吐き出す。1年後には笑い話に

!

手帳は最高のカウンセラーになってくれる

実際に書いてみると、驚くほどスッキリする

きっとあなたもあるのではないでしょうか。なかなか人に言えない「しんどい」日々を過ごしたことが。「しんどい」ことをひとりで抱え込んでしまうと、どうしてもリズムが狂い出し、さらにしんどくなります。

〝自分のコンディションは自分で守る〟。これは社会人として、とても重要なことです。ストレスやプレッシャーをうまくかわす、とっておきの方法を紹介します。

まず、「しんどいな」と思ったら、こうしてみてください。自分の感情を思いつくままに、手帳のフリーページに「今の気持ち」として書きまくる、と。

私はどちらかというと楽観的なほうなのですが、それでも人並みに幾度となく「しんどい」と思うことがありました。

そのときのメモにこんな文章が残っています。

「味方はいないと思った方がラク」

「期待するから、しんどくなる。ならば、最初から期待しないこと」

今振り返ると、バカすぎて笑いが出ます。少なくとも普段の私は、そんなことを1

ミリも思っていません。まあ、たしかにそのときは本当にツラかったのですが、強いストレスを受けると、人はおかしな感情に陥ることがよくわかります。

愚痴を言う相手がいればいいのですが、実際はその瞬間にそんな相手が目の前にいない場合がほとんどです。だからと言って、無防備にSNSやブログで書くなんて愚の骨頂。必ず後悔することになります。

そんなときは、手帳にこっそり書き（吐き）出してみてください。

書くことの効果はふたつ。

①　書けば吐き出せるので、スカッとする（その瞬間の効果）

②　後で見返すと、そのときにはほとんどの悩みは解決している。ほとんど忘れていたりするので、改めて「ストレスなんて、たいしたことない」と再確認できる

特に②は、ストレスを客観視できるようになります。

この繰り返しのなかで、「ほとんどのことは、たいしたことない」と思える〝しなやかさ〟が自分の中に醸成されます。

愚痴は無防備にSNSやブログに書かない

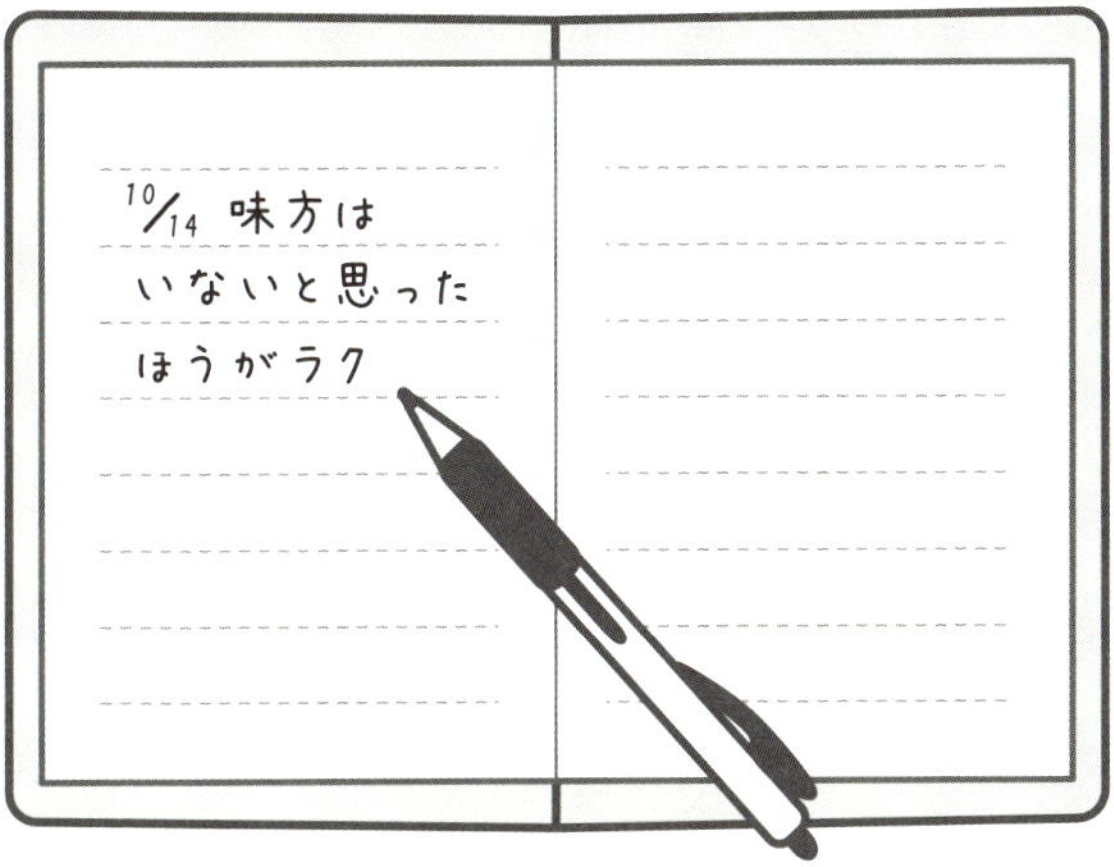
10/14 味方は
いないと思った
ほうがラク

1年後…

バカなことを
書いているなぁ
でもそれほど
ツラかったんだな

不安やイライラはため込まずに手帳に書き出す

Basic works of scheduling

39

「夢は手帳に書くと叶う」は本当だった！

!

「25歳で主任」「30歳で独立」など
具体的であるほどいい

何度も眺めることでイメージが鮮明に

よく、「紙に願いを書けば叶う」と聞きますが、本当なのでしょうか。

本やネットを見ても、あらゆるところで「書けば叶う」とたしかに書かれています。私はスピリチュアルやおまじない、迷信などを敬遠するタイプなのですが、こればかりは、私の経験からしてもそうだと感じています。

まず、先に結論を言いましょう。

「やりたいこと、なりたい自分」があれば、手帳に書いてみてください。そして、たまにその書いたことを眺めてください。

これだけでも飛躍的に実現の可能性はアップします。特に、**自分の未来が見えなくなってモヤモヤしたときに書けば、より効果的。希望が湧いてきます。**

私が最初に書いたのは、営業を始めて2年が経った23歳のときでした。そのときの私は、厳しい目標のプレッシャーを抱えながら毎日30件の飛び込み訪問を繰り返し、

「こんなことでビジネスパーソンとして成長できるのか」と、モヤモヤしていました。

しかし、ランチを食べながら、なにげなく手帳に書いたことが、私の人生を変えました。そのときに書いたのが、

「25歳で営業主任になる。27歳で結婚し、そのときに家を買う。28歳で父になる。30歳で独立する」というたったこれだけです。

驚くことに、30歳の独立以外の3つは実現しました。

今見ると、等身大のこじんまりとしたものですが、そのときの私にはこれだけでも十分でした。

また、27歳のときにも手帳に新たな「夢」を書いています。30歳で「営業研修の事業」で独立。40歳で「ビジネス書を書く」と。だんだんとイメージがより鮮明になりました。時期はズレましたが、その後に独立をしましたし、現在までに本も10冊以上書いています。まさにその通りになっています。

ぜひ、少しでもモヤモヤしているなら、手帳に書いてみてください。将来のありた

「やりたいこと」「なりたい自分」を手帳に書く

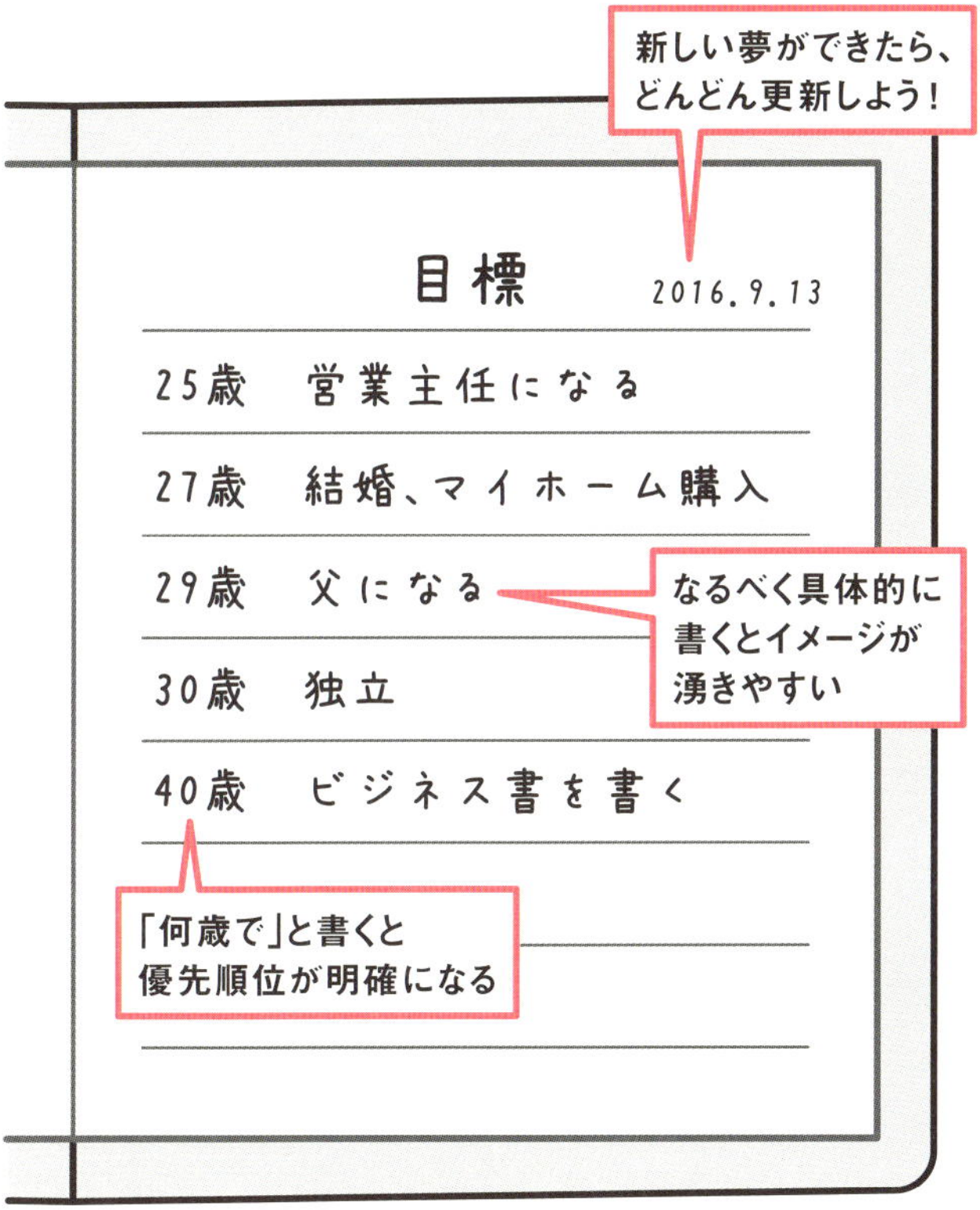
新しい夢ができたら、
どんどん更新しよう！
目標　2016.9.13
25歳　営業主任になる
27歳　結婚、マイホーム購入
29歳　父になる
30歳　独立
40歳　ビジネス書を書く
なるべく具体的に
書くとイメージが
湧きやすい
「何歳で」と書くと
優先順位が明確になる

空想でもOK！
実際に書き出すことでイメージが鮮明に！

い姿、やりたいことを。

これは決してスピリチュアルなものではありません。

「いつ」「どうなりたい」かを書くことで、やるべきことの「優先順位」が明確になり、判断の繰り返しのなかで、その方向に導かれるからです。

流れに流されまいと、自分なりに踏ん張るようになります。

たとえ、少し流されたとしても、「流されている場合ではない」と、また元の場所に戻ろうとするようになります。

案外、人生は思い通りになることも多いものです。

〈著者紹介〉

伊庭正康（いば・まさやす）

◇－1969年京都生まれ。1991年リクルートグループ入社（求人情報事業）。
営業職としては致命的な人見知りを4万件を超える訪問活動を通して克服。その後は、リクルート社においてプレイヤー部門とマネージャー部門の両部門で年間全国トップ表彰4回、累計40回以上の社内表彰を受けた。営業部長、㈱フロムエーキャリアの代表取締役を歴任。
◇－2011年、研修会社㈱らしさラボを設立。リクルートで学んだ「圧倒的な当事者意識」を持つことや「期待に応えるだけではなく、期待を超える」ことの大切さ、「短時間で成果を出す方法」などをメインテーマに、リーディングカンパニーを中心に年間200回を超えるセッション（営業研修、営業リーダー研修、コーチング、講演）を行っている。
◇－徹底的な効率化と圧倒的な成果を両立する時短術には定評があり、日経ウーマンや日経アソシエなど多くのメディアで紹介されている。本書は著者が持つ時短術、成果を出す仕事術のノウハウを、「手帳」というツールを通して実践する方法を余さず書き下ろしたものである。
YouTubeにて「研修トレーナー伊庭正康のビジネスメソッド」もスタート。
著書には、『会社では教えてもらえない 残業ゼロの人の段取りのキホン』『会社では教えてもらえない 数字を上げる人の営業・セールストークのキホン』『計算ずくで目標達成する本』（以上、すばる舎）など多数。

会社では教えてもらえない 仕事が速い人の手帳・メモのキホン

2016年11月29日　第1刷発行
2022年10月4日　第7刷発行

著　者――伊庭正康

発行者――徳留慶太郎

発行所――株式会社すばる舎

東京都豊島区東池袋3-9-7 東池袋織本ビル　〒170-0013
TEL　03-3981-8651（代表）　03-3981-0767（営業部）
振替　00140-7-116563
http://www.subarusya.jp/

印　刷――株式会社シナノ

落丁・乱丁本はお取り替えいたします

ISBN978-4-7991-0564-1